Rosemary de Ross

Mensagens e orações
para diversas situações do
dia a dia

Paulinas

Dados Internacionais de Catalogação na Publicação (CIP)
(Câmara Brasileira do Livro, SP, Brasil)

Ross, Rosemary de
    Mensagens e orações para diversas situações do dia a dia /
Rosemary de Ross. – 3. ed. – São Paulo : Paulinas, 2012.

    ISBN 978-85-356-3339-9

    1. Conduta de vida 2. Espiritualidade 3. Mensagens
4. Orações 5. Vida cristã I. Título.

12-11398   CDD-248.4

Índice para catálogo sistemático:

1. Mensagens : Orações : Vida cristã : Cristianismo 248.4

Citações bíblicas: *Bíblia Sagrada.* Tradução da CNBB. 7. ed., 2008.

3ª edição – 2012
6ª reimpressão – 2025

Direção-geral: *Flávia Reginatto*
Editora responsável: *Andréia Schweitzer*
Coordenação de revisão: *Marina Mendonça*
Copidesque: *Ana Cecilia Mari*
Revisão: *Sandra Sinzato*
Direção de arte: *Irma Cipriani*
Assistente de arte: *Sandra Braga*
Gerente de produção: *Felício Calegaro Neto*
Capa e diagramação: *Telma Custódio*

*Nenhuma parte desta obra poderá ser reproduzida ou transmitida
por qualquer forma e/ou quaisquer meios (eletrônico ou mecânico,
incluindo fotocópia e gravação) ou arquivada em qualquer sistema ou
banco de dados sem permissão escrita da Editora. Direitos reservados.*

Paulinas

Rua Dona Inácia Uchoa, 62
04110-020 – São Paulo – SP (Brasil)
Tel.: (11) 2125-3500
paulinas.com.br – editora@paulinas.com.br
Telemarketing e SAC: 0800-7010081

© Pia Sociedade Filhas de São Paulo – São Paulo, 2010

Nota da autora

Ao longo de nossa existência nos deparamos com momentos de alegria, felicidade, paz e harmonia, mas também vivenciamos situações de dor, sofrimento e desespero, que ocasionam traumas em nosso interior, muitos dos quais carregamos por toda a vida. Muitas vezes buscamos soluções para nossos dilemas na psicologia, na medicina e em outras ciências, mas não encontramos, e os desajustes aumentam ainda mais, gerando inquietação e sentimento de incapacidade.

Este livro, escrito com palavras simples e de fácil compreensão, procura, ao longo de suas páginas, descrever as situações delicadas e desafiadoras que, em algum momento da vida, podemos ter de enfrentar. E como diante de certos problemas nos sentimos humanamente incapazes de encontrar uma solução, é a Palavra de Deus que pode nos orientar e conceder-nos a força necessária para superarmos tais dificuldades.

O objetivo desta obra é entrar nas profundezas dos nossos dilemas interiores e buscar na Palavra de Deus o conhecimento necessário, para que com a sabedoria divina sejamos capazes de mudar o rumo da nossa história, caminhando na Luz. Tudo em nossa vida se renova, quando damos a Deus a liberdade de agir em nós.

Tendo claro o contexto da situação e a orientação da Palavra de Deus, a mensagem de esperança traz para o leitor uma palavra de conforto, de fé e de esperança que, somada à oração, leva a um processo de mudança interior e à libertação.

Talvez você esteja se perguntando: porque 40 temas? O número 40 é encontrado com frequência, tanto no Antigo como no Novo Testamento. Ele é usado todas as vezes que Deus quis preparar alguém segundo seus propósitos. O número 40 passa a ideia de preparação para algo importante que vai acontecer. É o tempo necessário de preparação para algo que vai chegar. Normalmente são tempos de provações pelos quais o povo passa, até alcançar a libertação.

Apesar de ser um número simbólico, ele representa muito mais do que um tempo numérico. Representa o período necessário para que aconteça nossa mudança interior, por meio da qual renovamos conceitos, pensamentos e atitudes. Isso acontece na dimensão profunda do nosso "eu interior", em que somente Deus e nós mesmos podemos penetrar e é lá onde se decidem as mudanças interiores que repercutirão na nossa vida.

"O ser humano é um enigma para si mesmo", como diz Carl Jung. Porém, Deus não quer que seus filhos vivam sem destino certo, perdidos, caminhando na escuridão. Ele deixou um roteiro, que pode ser seguido por todos, no qual indica o caminho que dá sentido à nossa vida, que é sua Palavra.

Como bem escreveu Davi, "Lâmpada para meus passos é tua palavra e luz no meu caminho" (Sl 119[118],105). O Evangelho nos ensina que "Erramos não conhecendo as Escrituras nem o poder de Deus" (Mt 22,29). Assim, diante de toda e qualquer adversidade que estejamos passando em nossa vida, podemos receber de Deus a orientação espiritual que precisamos: "Porque tudo o que dantes foi escrito, para o nosso ensino foi escrito, a fim de que pela paciência e consolação das Escrituras, tenhamos esperança" (Rm 15,4). "Aproximemo-nos, pois, confiadamente do trono da graça, a fim de alcançar misericórdia e achar a graça de um auxílio oportuno" (Hb 4,16).

Todos nós desejamos a felicidade. Ela, no entanto, não pode existir sem a paz e a harmonia interior. Estamos em busca de um caminho, de uma direção, de uma luz maior que nos oriente, na tentativa de resolver nossos problemas, que vão além do espaço físico, além do visível e do palpável, mas que estão dentro de nós.

Feliz quem se deixa tocar pela Palavra de Deus! Deixemo-nos tocar por ela nas diversas situações da nossa vida.

Rosemary de Ross
@rosemaryderossdebastiani

Dedico este livro de mensagens e orações a você que,
no dia a dia, passa por situações que geram
conflitos interiores.
Que pela força da oração você consiga
renovar sua esperança
e encontrar caminhos para vencer as dificuldades.
Deixe-se tocar pela Palavra de Deus!

Contexto

Em alguns momentos, vivemos em nosso íntimo um sentimento de abandono e desamparo. Acreditamos que ninguém se importa conosco, com a nossa vida, com aquilo que fazemos. Sentimo-nos esquecidos pelos nossos pais, familiares, amigos, colegas de trabalho... Abandonados até mesmo por Deus.

Muitas vezes, essa sensação nos impede de conviver de uma forma plena com a família e com a comunidade, causando tristeza, ressentimento e solidão. Quando trazemos esse sentimento em nosso interior, parece que parte de nosso mundo desaba. Nem sempre entendemos por que isso acontece, e isso nos faz sofrer.

Uma coisa é certa: você não é a única pessoa a passar por essa situação. O próprio Cristo sentiu-se desamparado. Ele foi deixado à própria sorte pelos discípulos, pelos amigos, e sentiu-se abandonado pelo Pai, chegando a exclamar na cruz: "Meu Deus, meu Deus, por que me abandonaste?" (Mt 27,46b). Apesar de tudo, não desistiu.

Palavra que orienta

"Mesmo que as serras mudem de lugar,
ou que as montanhas balancem,
meu amor para contigo nunca vai mudar,
minha aliança perfeita nunca há de vacilar"
(Is 54,10).

Se está se sentindo abandonado, faça a maravilhosa experiência de sentir o amor de Deus em sua vida. O amor de Deus por nós é imenso, é impossível de ser medido e a nada pode ser comparado. Devemos nos alegrar e congratular pela bondade, pelo amor e pela misericórdia desse Deus, que nos ama de modo incondicional.

Como o pai que esperou o retorno do filho pródigo (cf. Lc 15,11-32), Deus está sempre de braços abertos para nos receber, e não desiste nunca daqueles que se afastaram dele: "Acaso uma mulher esquece o seu neném, ou o amor ao filho de suas entranhas? Mesmo que alguma se esqueça, eu de ti jamais me esquecerei! Vê que escrevi teu nome na palma de minha mão" (Is 49,15-16a).

Quando não nos sentimos amados, não somos capazes de amar nem a nós mesmos nem ao nosso próximo. Quantas vezes você sentiu a necessidade de amar e ser amado? Quantas vezes desejou encontrar o amor de verdade? Pois bem, Deus oferece esse amor dia a dia, mas é preciso que confie nele e entregue sua vida aos seus cuidados.

Precisamos nos abrir ao amor incondicional de Deus. Não nos deixemos arrastar mais pelas nossas carências afetivas, e sim permitamo-nos ser curados por Jesus de todo desamor para sermos mulheres e homens plenos de amor e alegria.

A cada manhã, o amor do Senhor se renova por cada um de nós e precisamos ter consciência disso. Não precisamos mendigar amor e nem sofrer por falta de amor, porque o Senhor ama-nos profundamente e nunca nos abandonará.

Mensagem de esperança

Confie sempre em Deus, pois ele é a rocha firme na qual você pode se apoiar. Faça do Senhor o seu apoio em todos os momentos da vida.

Nos momentos mais difíceis, Jesus segura sua mão e o conduz pelo caminho certo.

Sozinhos, não vamos muito longe, porque fraquejamos, mas, apoiados na graça e na misericórdia de Deus, somos capazes de caminhar a passos largos, com coragem e cheios de entusiasmo, até alcançarmos a meta desejada.

Procure colocar sua esperança e confiança em Deus, e não nas pessoas. "E esta é a confiança que temos em Deus: se lhe pedimos alguma coisa de acordo com a sua vontade, ele nos ouve" (1Jo 5,14).

O ser humano pode nos decepcionar; Deus, ao contrário, nos conhece e nos ama profundamente e sabe o que é melhor para nós.

Lembre-se: mesmo que as montanhas mudem de lugar, o amor de Deus por você não muda jamais! Deus é um Pai misericordioso e não nos julga pelas faltas e pecados.

Para Deus, somos preciosos e ele quer a nossa felicidade.

Oração

Ó Pai, assim como teu amado Filho Jesus Cristo, nosso Senhor, que em meio a tanta dor e a tanto sofrimento entregou em tuas mãos o Espírito, eu também me coloco diante de ti e peço que me acolhas em teus braços.

São tantas as situações em que me sinto abandonado que acabo me perdendo diante delas e não consigo enxergar que o Senhor está no controle de tudo. Nas vezes em que me sinto só, desamparado, não permitas que eu ache que não estás a meu lado. Concede-me um coração sensível à tua presença para que eu possa reconhecê-lo como Senhor e amigo.

Dá-me a graça de um verdadeiro abandono em ti. Ajuda-me a tomar posse da minha fé para que eu possa esperar a bonança que vem logo após a tempestade.

Que as provações que tenho vivido façam com que me aproxime mais ainda do teu amor e da tua misericórdia. Que eu jamais me revolte contra ti; ao contrário, que eu me entregue cada vez mais aos teus cuidados, encontrando forças para superar todas as situações que me são apresentadas, com fé e esperança.

Dá-me a tua graça, isso me basta! Amém!

"Deus me ama com amor eterno"
(Jo 3,16).

Contexto

Somos humanos e, como tal, limitados. Independentemente da nossa classe social, condição financeira e credo religioso, em determinados momentos passamos pela experiência de sentir um abatimento ou uma inquietude em meio às dificuldades, desânimo diante de enfermidades, tristeza por uma separação, aflição em meio a circunstâncias que saíram diferente do esperado.

Certos acontecimentos da nossa vida trazem dúvidas e ocasionam uma dor enorme para nossa alma. Se não reagimos, o abatimento toma conta de nossos pensamentos, de nossa vida e nos sentimos vencidos, desanimados e enfraquecidos. A solução para nossos problemas parece inalcançável e é como se estivéssemos "no fundo do poço".

Talvez esteja se questionando: Por que isso acontece comigo? Onde está Deus que não vê o meu sofrimento? Uma coisa é certa: esse sentimento não é exclusividade sua. A Palavra de Deus apresenta várias passagens sobre esse abatimento interior, e o salmista já dizia: "Ando curvado e abatido, triste passo o dia inteiro" (Sl 37[36],7).

Palavra que orienta

"Por que estás triste, minha alma,
por que gemes dentro de mim?
Espera em Deus, ainda poderei louvá-lo, a ele,
que é a salvação do meu rosto e meu Deus"
(Sl 43[42],5).

Quando enfrentamos uma situação de abatimento ou sofrimento, procuramos estar próximos daqueles que nos amam e daqueles que amamos. Esta foi a atitude do salmista, que suspirava pelo seu Deus: "assim a minha alma anseia por ti, ó Deus!" (Sl 42[41],2).

Apesar de toda tristeza e abatimento interior, o salmista conhecia o seu Deus (cf. Sl 42[41],9a). Sabia que a misericórdia do Senhor se estende "desde sempre e para sempre" (Sl 103[102],17) e que podia contar com ela diante de qualquer provação.

Podemos suplicar a Jesus que nos ajude, quando nos encontrarmos em meio a dificuldades. Se voltarmos nosso olhar a ele, para recordarmos suas promessas, e dissermos com sinceridade: "Senhor, dá-me uma palavra de alento!", ele nos consolará.

Se você ainda não provou que Deus é bom, aproxime-se dele e vai ver que sua misericórdia é para sempre e nos auxilia nas tribulações. O drama que vivemos hoje tem saída! Na maioria das vezes, a solução para o problema está em nossas mãos e não a enxergamos, porque a dúvida e o desespero cegam a nossa visão. Quando depositamos nossa confiança em Deus, ele nos mostra a melhor forma de agir.

ABATIMENTO

Mensagem de esperança

Diante de situações difíceis, não desanime. Procure enfrentar os problemas com entusiasmo, não se deixando dominar pelo abatimento, que entristece a alma.

Siga em frente com coragem e espalhe sementes de otimismo em seu caminho. Trabalhe, persevere e não desista do seu crescimento espiritual nem dos seus sonhos. Veja a vida de forma positiva e permita-se ser guiado pela graça de Deus. Não se deixe abater nem tenha medo dos problemas: eles existem para serem resolvidos.

"Ânimo alegre faz florescer a saúde;
espírito abatido seca os ossos"
(Pr 17,22).

Oração

Senhor, sinto-me só, abatido, sem vontade e desanimado. Tenho em mim um vazio, e a infelicidade tomou conta de minha vida. Preciso de direção e, por isso, te peço: segura em minhas mãos, para que eu possa sentir tua presença, conforto e amor.

Dá-me forças para levantar-me neste dia. Tira-me da tristeza, do abatimento. Derrama sobre o meu coração a força do Espírito Santo para que eu seja restaurado e recupere a alegria de viver.

Meu coração precisa de vida, e eu sei que teu Filho Jesus é vida. Meu coração precisa de paz, e sei que a paz vem do teu Filho e meu irmão Jesus.

Ó Deus, cura o meu coração com o teu amor, devolvendo-me a alegria de viver. Amém.

"O Senhor está comigo, nada temo"
(Sl 118[117],6a).

Contexto

O uso excessivo de álcool é tão antigo quanto a história da humanidade. Em Gênesis 9,20-21, lemos: "Noé começou a praticar a agricultura e plantou uma vinha. Bebeu vinho e se embriagou, ficando despido dentro da tenda". Mas há uma diferença entre o consumo esporádico e o vício.

O alcoolismo é uma doença, que se caracteriza pela dependência da bebida a ponto de a pessoa não conseguir viver sem ela. Isso afeta a saúde, a família, o trabalho e a vida social do indivíduo, sendo considerada um dos principais problemas de nossa sociedade.

Vários são os motivos que podem levar uma pessoa ao consumo excessivo de álcool: depressão, solidão, tristeza, diversão, problemas financeiros... e tantos outros. Na maioria das vezes, trata-se de uma tentativa de fuga dos problemas e, geralmente, quem sofre de alcoolismo nega a situação e não admite que precisa de ajuda.

Se você ou alguém que ama está vivendo uma situação semelhante a essa, a primeira barreira a ser vencida é convencer-se, ou convencer o seu ente querido, de que a ajuda é necessária. É preciso paciência, amor e oração, mas também, e principalmente, a colaboração de profissionais e grupos de ajuda, como os Alcoólicos Anônimos.

Palavra que orienta

"A vereda dos justos é afastar-se do mal;
preserva a vida quem vigia os próprios passos"
(Pr 16,17).

Encontramos na Bíblia muitas passagens que fazem referências ao vinho, inclusive o primeiro milagre de Jesus, quando, numa festa de casamento, ele transformou água em vinho, como relata o evangelista João (cf. Jo 2,1-12).

Por outro lado, há inúmeros trechos que condenam o uso abusivo do vinho. Paulo escreveu aos fiéis de Éfeso, dizendo: "Não vos embriagueis com vinho – pois isso leva ao descontrole –, mas enchei-vos do Espírito" (Ef 5,18). E Timóteo alertou: "que [o bispo] não seja dado ao vinho nem violento; pelo contrário, que seja moderado, pacato, não cobiçoso" (1Tm 3,3).

Para Paulo, os efeitos perversos do álcool são a devassidão e a violência. Somos humanos e fracos e, muitas vezes, perdemos o controle. Como o próprio Jesus disse: "Vigiai e orai, para não cairdes em tentação; pois o espírito está pronto, mas a carne é fraca" (Mt 26,41).

Devemos sempre trilhar o caminho de Deus e precaver-nos. Quem tem cuidado com a sua maneira de agir salva a sua vida. Por isso, temos que ser prudentes, evitando as ocasiões que nos podem levar a beber em excesso, pois "quem abre um buraco, nele cairá" (Pr 26,27).

Mensagem de esperança

Procure viver cada dia com sobriedade, consagrando ao Senhor suas atividades, pensamentos e o desejo de viver bem com as pessoas.

Caso se veja preso no vício do álcool, não desanime. Peça ajuda e enfrente a situação. Faça do seu dia uma oração traduzida em ações. Busque o autodomínio e vá aos poucos mudando os hábitos que lhe causam danos. Evite todo tipo de excesso, sobretudo o da bebida, praticando a virtude da temperança. A temperança é o resultado de uma vida de contínuo conhecimento de Deus e de seus propósitos.

Quando passarmos a entender o significado dos nossos instintos e a utilizá-los para louvar a Deus, certamente estaremos no melhor caminho.

Oração

Senhor, é difícil para mim exercer o autocontrole diante da bebida. Isso tem me gerado conflitos interiores e afetado meus relacionamentos. Preciso mudar meus hábitos, mas sozinho não consigo... Preciso da tua força.

Ajuda-me e fortalece-me, pois só assim conseguirei dominar os impulsos da carne. Ajuda-me a vencer as tentações, exercendo a virtude da temperança e obtendo domínio sobre mim mesmo. Ajuda-me também a evitar as ocasiões de queda e pecado.

Concede-me os frutos do Espírito: alegria, amor, paz, paciência, amabilidade, mansidão, domínio próprio. Que eu aprenda a exercer o autocontrole, de modo especial com relação ao uso do álcool, buscando andar no caminho reto e agradável a ti. Que eu encontre na oração coragem e determinação para vencer os maus hábitos.

Senhor, concede-me firmeza no agir, para eu andar no caminho da sobriedade. Age com poder, para que ocorra uma reestruturação na minha vida e na minha família.

Obrigado, Senhor, por não desistir de mim. Sei que conseguirei vencer as tribulações e tentações com a tua graça. Amém.

> "Meu refúgio, minha fortaleza,
> meu Deus, em quem confio"
> (Sl 90[91],2).

Contexto

A angústia é um sentimento de desconforto, que aparece em determinados momentos de nossa vida, sobretudo quando não sabemos que decisão tomar diante de uma situação que se apresenta. Quando nos sentimos assim, ficamos incomodados e não temos certeza do que realmente queremos. Recuamos diante das provações que dilaceram nosso coração e o caos se instala em nosso interior.

O tempo passa, o confronto é inevitável, as pessoas nos cobram uma posição. Assim como foi angustiante para Davi atravessar o vale da sombra da morte, para Abraão, ter de sacrificar seu filho Isaac e, para Jesus, suar sangue no Getsêmani, nós também temos momentos em que esse sentimento se apodera do nosso coração e toma conta de nossos pensamentos, fazendo-nos sofrer.

Apesar de tudo isso, existe alguém que nos ama e cuida de nós e, embora nem sempre percebamos sua presença ao nosso lado, Deus aí está para nos amparar e orientar. Nessas ocasiões, precisamos alimentar nossa fé e dizer, como o salmista: "O Senhor é o meu pastor, nada me falta. Restaura minhas forças, guia-me pelo caminho certo. O teu bastão e teu cajado me dão segurança" (Sl 23[22],1-4).

Palavra que orienta

"Não tenhas medo, que eu estou contigo.
Não te assustes, que sou o teu Deus.
Eu te dou coragem, sim, eu te ajudo.
Sim, eu te seguro com minha mão vitoriosa"
(Is 41,10).

Em momentos de angústia, devemos colocar em Deus nossa confiança e crer que ele age em nosso favor, que intervém na nossa história e vem em nosso socorro quando estamos em dificuldades.

Entretanto, ele nos chama à ação e quer dividir conosco as batalhas e as vitórias. Assim, sem nos atirar afoitamente contra os obstáculos, ele espera que tomemos uma atitude, na certeza de que o Senhor caminha conosco e seu poder nos sustenta e fortalece. Ele está sempre ao nosso lado, seja qual for a situação ou ocasião: "Não tenhas medo, que eu estou contigo" (Is 41,10a).

Nos momentos de dúvida, lembremos da exortação do Pai: "Invoca-me no dia da angústia, e eu te livrarei, e tu me honrarás" (Sl 49,15). O Senhor ouve o clamor do nosso coração. Jesus nos estimula a isso: "Pedi e vos será dado! Procurai e encontrareis! Batei e a porta vos será aberta! Pois todo aquele que pede recebe, quem procura encontra, e a quem bate, a porta será aberta" (Mt 7,7-8). Assim, intensificamos nossa vida de oração, pedindo com fé que Deus nos acolha em seu santuário. Através da oração, o Espírito Santo nos dará a força necessária para que os momentos de angústias sejam vencidos.

Mensagem de esperança

Deus une a iniciativa dele à sua para ajudar você a vencer as adversidades que surgem em sua vida. Ele quer libertá-lo da angústia!

Por isso, afaste de sua vida o que não lhe faz bem. Procure enfrentar os problemas com otimismo, vendo em cada obstáculo uma oportunidade de aprender e crescer. Tome iniciativas para que seus projetos e sonhos se concretizem.

Quando sentir a angústia se aproximando, lembre--se das palavras de São Paulo: "A esperança não decepciona" (Rm 5,5). Não falamos aqui de qualquer esperança, mas da autêntica esperança que vem da fé em Deus.

Liberte-se da angústia: o Senhor caminha contigo! Anime-se: Deus vem em teu auxílio! Não temas: o Senhor está contigo e te sustentará!

Oração

Senhor, perdoa-me por todos os momentos em que vacilei e duvidei da tua presença a meu lado. Perdoa-me por todas as vezes que não confiei nos teus cuidados. Perdoa-me por ter permitido que a angústia tomasse conta do meu coração.

Toca, Senhor, com teu amor em meu coração angustiado, transforma as situações que me deixam sobressaltado. Acalma a angústia que estou sentindo e enche-me com a tua paz. Renova, Senhor, as minhas forças.

Que eu possa perceber tua presença em cada momento de minha vida. Preciso de ti, Senhor. Vem em meu auxílio.

Obrigado, Senhor, por se importar comigo.

Obrigado, Senhor, por ouvir meu clamor.

Obrigado, Senhor, pela tua misericórdia.

Que eu possa permanecer firme na fé. Amém.

> "Ouvi, Senhor [...] que tu libertas,
> até o fim, a todos os que te agradam"
> (Est 4,17aa).

Contexto

A ansiedade é caracterizada por uma preocupação excessiva, uma sensação de inquietação, desassossego e apreensão, que provoca mal-estar. É o medo de algo que não conhecemos nem sabemos definir, mas que não conseguimos controlar.

Episódios ocasionais de ansiedade são normais, pois têm a ver com o instinto de preservação que nos alerta para situações de perigo, mas quando essa ansiedade se torna constante e passa a interferir no desempenho das nossas atividades diárias e em nossos relacionamentos, ela precisa ser tratada. Alguns de seus sintomas mais comuns são: insônia, fadiga, problemas de estômago, batimentos cardíacos acelerados, falta de ar e irritabilidade.

Esse estado de espírito altera negativamente a nossa vida, afasta-nos da realidade e sabota os nossos planos. Portanto, para superá-lo, é preciso relaxar o corpo e a mente e aquietar o nosso coração.

Palavra que orienta

"Então, Jesus disse a seus discípulos:
'Por isso, eu vos digo: não vivais preocupados
com o que comer, quanto à vida;
nem com o que vestir, quanto ao corpo.
A vida é mais que o alimento,
e o corpo, mais do que a roupa'"
(Lc 12,22-23).

Jesus chama a atenção para a necessidade de uma vida isenta de preocupações. Mostra-nos ainda que a excessiva ansiedade não produz bons frutos; ao contrário, manifesta-se como resultado de uma vida desprovida de fé na providência divina.

Em alguns momentos a ansiedade entra em nosso coração com tanta força, que chega a roubar o lugar reservado ao Espírito Santo de Deus. É preciso reagir, como nos aconselha o livro de Eclesiastes: "Tira a angústia do teu coração e afasta o mal do teu corpo" (Ecl 11,10a).

A ansiedade corrói a fé e abre espaço para o desespero. Assim, ao percebemos seus primeiros sintomas, devemos colocar-nos na presença de Jesus e fazer como recomenda o salmista: "Entrega ao Senhor tua ansiedade e ele te dará apoio, nunca permitirá que vacile o justo" (Sl 55[54],22).

ANSIEDADE

O mandamento de Deus, com relação à ansiedade é extremamente claro: "Não andeis ansiosos de coisa alguma; em tudo, porém, sejam conhecidas, diante de Deus, as vossas petições, pela oração e pela súplica, com ações de graças" (Fl 4,6). É preciso confiar!

Mensagem de esperança

Procure cultivar um estilo de vida simples e sem grandes preocupações.

Reconsidere constantemente seus valores e suas prioridades.

Aprenda a não murmurar e procure intencionalmente novas referências para sua vida.

Abrace uma causa cujo beneficiário maior seja o "outro", realizando trabalhos voluntários.

Desenvolva o hábito de abrir mão do que não pode ser resolvido hoje.

Busque a paz interior, a tranquilidade e a serenidade espiritual.

Viva alegremente e mantenha o equilíbrio.

Ocupe seus pensamentos com coisas boas, que renovam e curam a alma.

Aguarde com paciência os acontecimentos, lembrando que Deus tem um tempo para cada coisa. "Tudo tem seu tempo. Há um momento oportuno para cada coisa debaixo do céu" (Ecl 3,1). Persevere e acredite nas promessas divinas.

Não permita que a ansiedade roube sua paz.

Oração

Senhor, só tu conheces o meu coração, por isso, com fé e humildade, peço-te a graça de aprender a lançar sobre ti as minhas ansiedades e preocupações.

Quero me abandonar em teus braços, confiar e aguardar serenamente a tua ação em minha vida!

Guarda meus pensamentos, sentimentos e meus sentidos para que eu não tenha tanta preocupação.

Ajuda-me a manter minha mente centrada no que é bom para mim e para o teu Reino. Santifica-me, para que eu possa ser uma pessoa cheia do Espírito Santo, irradiando serenidade, calma e paz!

Dá-me forças para que eu possa manter minhas emoções e pensamentos firmes na confiança em Deus.

Senhor, agradeço porque sei que estás cuidando de mim. Vou procurar seguir cada passo que me mostrares ser necessário para que teu plano se cumpra na minha vida. Confio em ti e em tua Palavra. Entrego-te todas as minhas ansiedades e preocupações. Cura-me de toda preocupação excessiva! Confio e espero em ti. Amém.

"Protege-me, ó Deus:
em ti me refugio"
(Sl 16[15],1).

Contexto

Podemos definir calúnia como o ato de difamar, de lançar falsas acusações a alguém. Pode ser feita verbalmente, por escrito ou por qualquer processo de comunicação, sempre atingindo a integridade moral da pessoa.

Caluniadores usam expressões como "onde há fumaça, há fogo" para justificar suas acusações. Na verdade, são pessoas invejosas e seus atos de maldade têm o objetivo de atingir a reputação, a imagem de outrem.

Gostaria de partilhar uma história que explica com clareza o resultado da calúnia na vida de uma pessoa: "Um jovem gostava muito de contar histórias, nem sempre verdadeiras, sobre seus conhecidos. Seu pai tentava de todos os modos mostrar-lhe as consequências de sua atitude, mas não achava meio de fazê-lo entender. Então combinaram que a cada fofoca que o jovem lançasse, seria obrigado a colocar um prego numa cerca. O rapaz concordou e, após algum tempo, muitos pregos já haviam sido pregados. O pai o ajudou, então, a tirar um por um os pregos da cerca. Quando tiraram o último, o pai explicou que toda mentira, fofoca e calúnia proferida contra outra pessoa era como um prego fincado no coração da vítima: mesmo depois de arrancado deixa cicatrizes, assim como as deixadas na cerca".

Palavra que orienta

"Fazei-o, porém, com mansidão e respeito
e com boa consciência.
Então, se em alguma coisa fordes difamados,
ficarão com vergonha aqueles que ultrajam
o vosso bom procedimento em Cristo" (1Pd 3,16).

O próprio Jesus sofreu calúnias terríveis, conforme nos relata o evangelista Marcos: "Muitos testemunhavam contra ele falsamente" (Mc 14,56). Mas o Senhor nos ensinou a não permitir que nosso coração seja dominado pelo ódio e desejo de vingança. Isso não quer dizer que devemos ficar calados, sem nada fazer. O apóstolo Pedro diz: "Portanto, não temais as suas ameaças [...]. Estai sempre prontos a responder para vossa defesa [...], mas fazei-o com suavidade e respeito. Então, se em alguma coisa fordes difamados, ficarão com vergonha aqueles que ultrajam o vosso bom procedimento em Cristo" (1Pd 3,14-16).

Ao mesmo tempo, precisamos ter cuidado com nossas próprias atitudes e lembrar do poder de nossas palavras: "De vossa boca não saia nenhuma palavra maliciosa, mas somente palavras boas, capazes de edificar e de fazer bem aos ouvintes" (Ef 4,29). Convém manter sempre nosso coração em paz, na humildade e cheio de misericórdia.

Mensagem de esperança

Não se deixe abater pelas fofocas e calúnias. Saiba superá-las, vivendo de maneira que quem lançou a calúnia perceba seu erro. Perdoe e ore pela pessoa que o caluniou. Jamais revide um ataque com outro ataque.

Ao mesmo tempo, procure falar sempre de modo justo e honesto a respeito de quem quer que seja, seguindo o que Deus ensina: "Não darás falso testemunho contra o teu próximo" (Ex 20,16).

Se você sofreu uma calúnia, certamente seu coração deve estar machucado. Mas, ainda que esteja sofrendo, tenha em mente o exemplo deixado por Jesus, que foi severamente caluniado e mesmo assim morreu perdoando seus algozes, dando-nos exemplo de amor ao próximo, humildade, obediência aos propósitos de Deus.

Continue a trilhar seu caminho, pois a verdade sempre prevalecerá!

> "A falsa testemunha não ficará impune;
> quem profere mentiras, perecerá"
> (Pr 19,9).

Oração

"Senhor, quem pode habitar na tua tenda? E morar no teu santo monte? Aquele que vive sem culpa, age com justiça e fala a verdade no seu coração; que não diz calúnia com sua língua, não causa dano ao próximo e não lança insulto ao vizinho. A seus olhos é desprezível o malvado, mas honra quem respeita o Senhor. Mesmo se jura com prejuízo para si, não muda; se empresta dinheiro é sem usura, e não aceita presentes para condenar o inocente. Quem agir deste modo ficará firme para sempre" (Sl 15[14],1-5).

Senhor, concede-me forças para suportar as calúnias lançadas contra minha pessoa. Enche minha alma de bênçãos e preserva minha língua de proferir palavras maldosas, sobretudo de lançar falso testemunho contra quem quer que seja. Que eu pratique a justiça para ser merecedor do teu amor.

Jesus, ensina-me a conter meus impulsos de vingança e, apesar das marcas profundas que ficaram gravadas em meu ser, dá-me o dom de perdoar aqueles que fizeram uso de maledicências com o objetivo de prejudicar-me.

Obrigado, Senhor, pela tua Palavra, que me dá esperança!

Obrigado, Senhor, pela tua justiça, que me dá segurança!

Obrigado, Senhor, pelo teu amor, que me dá a paz! Amém!

> "Socorre-me, Senhor, meu Deus;
> salva-me segundo tua bondade"
> (Sl 109[108],26).

Contexto

O cansaço pode estar relacionado ao ritmo alucinante e ao estresse do nosso cotidiano ou ser sintoma sério de problema de saúde; e ser provocado por problemas psicológicos, enfermidades recentes, má alimentação, excesso de esforço físico e mental, noites maldormidas.

Diariamente nos deparamos com uma grande quantidade de informações e somos desafiados a nos mantermos atualizados. Tudo muda com uma rapidez impressionante e acabamos descansando pouco. Não encontramos tempo para conversar, rezamos pouco e nos relacionamos cada vez menos com nossos semelhantes.

A falta de memória e de entusiasmo, a dificuldade de concentração são alguns dos sintomas do cansaço excessivo. Reveja suas atitudes e procure restabelecer a harmonia entre corpo e mente. Em cada momento e acontecimento, Deus nos fala e nos convida a depositar nele nossas aflições e nosso cansaço.

Nenhum caminho é árduo demais quando estamos firmados no Senhor, porque ele nos dá forças para seguirmos em frente, sem jamais desanimar. Muitas crises e situações são amenizadas quando nos colocamos em oração e adquirimos, diante do Senhor, calma e tranquilidade.

Palavra que orienta

"Vinde a mim, todos vós que estais cansados
e carregados de fardos, e eu vos darei descanso.
Tomai sobre vós o meu jugo e sede discípulos meus,
porque sou manso e humilde de coração,
e encontrareis descanso para vós.
Pois o meu jugo é suave e o meu fardo é leve"
(Mt 11,28-30).

Quando nos sentimos cansados, é porque estamos carregando um fardo muito pesado. Então, devemos pôr em prática a seguinte determinação: "Espera no Senhor e observa seu caminho" (Sl 37[36],34a).

Jesus Cristo sempre nos acolhe e nos entende, porque tem um coração voltado para nós. É o único capaz de dar o verdadeiro alívio. É o abrigo seguro que devolve a vida, a paz e a alegria. É a fonte do perdão e da vida e espera por nós, para dar-nos alívio e consolação.

O mundo tem colocado sobre nossos ombros um fardo muito pesado, trazendo consequências a todas as áreas da nossa vida, mas Jesus quer nos dar uma nova vida, sem excessos. Em vez de buscar o descanso em programas na televisão, bens materiais ou viagens, lembre-se do chamado de Jesus; aceite o convite, aproxime-se dele e encontrará o equilíbrio.

Mensagem de esperança

O cansaço excessivo é muitas vezes resultado de uma vida agitada e desregrada. Para transformar essa realidade, procure fazer algumas mudanças e adaptações no seu estilo de vida. Tente descobrir os motivos que o estão deixando cansado e, aos poucos, liberte-se deles. Se não for possível, aprenda a lidar com essas questões com mais tranquilidade.

Procure estabelecer prioridades em suas tarefas diárias, deixando tempo livre para o descanso. Ao deitar-se, entregue a Jesus suas preocupações e se sentirá mais leve e restaurado. Aprenda a relaxar o corpo e a mente, isso ajudará no restabelecimento do sono tranquilo, fazendo com que sinta disposição e vitalidade no dia seguinte.

Encontre meios para se "desligar" dos problemas e preocupações e, sobretudo, reserve alguns momentos do dia para estar a sós com Deus, porque é desse encontro que nascerá a serenidade necessária para enfrentar os desafios cotidianos.

Jesus o quer feliz e abençoado. Confie e permita que ele alivie seu cansaço. Se for necessário, busque ajuda na medicina, renove suas forças e vá em frente!

Oração

Senhor, tu conheces os motivos pelos quais estou cansado. Ajuda-me a vencer o cansaço, restaura minhas forças e dá-me a coragem de enfrentar com maior alegria minha vida. Senhor Jesus, tira do meu corpo todas as dores físicas e emocionais. Em meio ao cansaço do dia a dia, conceda-me serenidade e sabedoria para lidar com as situações difíceis, e que eu possa perceber a tua presença em minha vida.

Com a graça do Espírito Santo, que eu consiga diminuir o ritmo de minhas atividades e relaxar, parar para contemplar a natureza, conversar com um amigo, acariciar uma criança, ouvir uma música, ler, ficar em silêncio.

Acalma meu passo, Senhor, para que eu possa escutar a tua voz a me falar através das coisas mais simples da vida. Coloco sob os teus cuidados minhas preocupações e inquietudes. Toma conta, Senhor, da minha vida. Quero descansar em teus braços e deposito em ti toda a minha confiança.

Obrigado, Senhor, por me acolheres como teu filho e me amares como sou!

Obrigado, Jesus, por assumires meus fardos, tornando minha vida mais fácil de ser vivida!

CANSAÇO

Obrigado, Divino Espírito Santo, por dar-me força para superar minhas fraquezas humanas!

"Senhor, restaura minhas forças"
(Sl 23[22],3).

Contexto

Conflito é uma oposição de opiniões, que indica desacordo na forma de ver uma mesma situação. Na vida conjugal, as divergências de opiniões e pequenas discussões são até certo ponto normais, uma vez que somos diferentes uns dos outros e carregamos conosco nossa herança genética, a forma como fomos criados, a influência do meio em que vivemos, enfim, nossa história de vida. No entanto, quando os atritos não são resolvidos, podem culminar numa crise, tendo como consequência o desequilíbrio no relacionamento.

O melhor caminho para a resolução das desavenças é o diálogo franco, sem buscar um responsável, mas o entendimento. É preciso exercitar a virtude da paciência, aceitar a individualidade e compreender as imperfeições do outro, perdoar e pedir perdão. Isso é demonstração de maturidade e de boa vontade para manter sempre o equilíbrio no relacionamento conjugal.

As diferenças existem para que o casal se complete. A cada impasse resolvido o casal se fortalece. E quando o alicerce no qual o relacionamento se fundamenta é Deus, sempre é possível encontrar uma solução, cada um cedendo um pouco para que ambos cresçam no amor.

Palavra que orienta

"Em suma, cada um de vós também
ame a sua esposa como a si mesmo;
e que a esposa tenha respeito pelo marido" (Ef 5,33).

O casamento é um compromisso assumido entre um homem e uma mulher e uma aliança do casal com Deus, em que ambos devem colaborar para a santificação do outro (cf. 1Cor 7,15).

O relacionamento entre marido e mulher é comparado por Paulo ao relacionamento de Cristo com sua Igreja (Ef 5,25-33). Amar significa promover o bem do outro, nem que para isso seja necessário sacrifício e doação da própria vida, a exemplo de Jesus.

Paulo nos ensina como agir para viver o amor pleno: não permita que "se ponha o sol sobre vossa ira [...] Desapareça do meio de vós todo amargor e exaltação, toda ira e gritaria, ultrajes e toda espécie de maldade. Pelo contrário, sede bondosos e compassivos uns para com os outros [...] perdoando-vos mutuamente, como Deus vos perdoou em Cristo" (Ef 4,26.31-32).

O amor é a vocação fundamental de todo ser humano. Mas, no relacionamento conjugal, esse amor deve ser renovado e aperfeiçoado diariamente. Com amor e por amor, todos os conflitos conjugais podem ser superados.

Se você está enfrentando problemas no casamento, peça a ajuda de Deus, convide-o a fazer parte de sua vida familiar. Não há nada que ele não possa fazer para restaurar os laços conjugais e familiares.

Mensagem de esperança

Carregamos em nosso íntimo a necessidade de amar e sermos amados em qualquer relacionamento e, de modo particular, no relacionamento conjugal.

Se você está vivendo uma crise conjugal, fruto de conflitos mal resolvidos, tenha por certo que sempre é tempo de resgatar os sentimentos que os uniram e restabelecer a harmonia familiar. Para isso, é preciso querer e assumir juntos esse compromisso, com dedicação e respeito mútuo. O diálogo deve ser exercitado diariamente, assim como o perdão tem que fazer parte da vida do casal.

Afeição, carinho e paciência são atitudes de delicadeza que fazem bem ao convívio familiar. Com pequenos gestos diários, você verá que o amor verdadeiro aparece e vai amadurecendo aos poucos, transformando-se em tolerância, doação, cumplicidade.

Comece você a mudar e invista no seu relacionamento. Ame para ser amado. Amar faz bem e estreita os laços familiares.

Coloque Jesus no centro de sua família e caminhe com esperança renovada de que seu relacionamento será restaurado pela graça do Senhor Deus.

Oração

Retira, Senhor, toda mágoa, ressentimento, rancor, e coloca o perdão no meu coração e no do meu cônjuge. Guarda-nos de toda impaciência, desconfiança, palavras ásperas, brigas. Que possamos reconciliar-nos, vivendo na tua paz.

Senhor Jesus, peço-te que olhes não só por minha família, mas também por todas aquelas que estejam vivendo em desarmonia.

Vem morar em nossa família, Senhor. Sê nossa companhia em qualquer situação. Nos momentos de dúvidas, dá-nos fé. Diante do desânimo, dá-nos a perseverança. Em nossas quedas, dá-nos tua mão. Nas discussões, dá-nos palavras de sabedoria. Diante das ofensas, dá-nos a graça do perdão. No abandono, dá-nos o aconchego do teu colo. Nos impasses, dá-nos o dom da paciência. Na tibieza, dá-nos a graça de irmos ao teu encontro.

Senhor, que o amor recebido pela graça do sacramento do Matrimônio se revele mais forte que qualquer crise pela qual possamos passar e que, por meio do Espírito Santo, nossa família seja um verdadeiro santuário de vida e de amor. Que tua graça nos oriente em nossos pensamentos e ações e que nos assemelhemos à família de Nazaré.

Deus Santo e verdadeiro, ajuda-nos a permanecermos unidos a ti! Amém!

> "Crê no Senhor Jesus, e serás salvo,
> como também todos os de tua casa"
> (At 16,31).

Contexto

A tecnologia, criada com o objetivo de encurtar distâncias, tem levado as pessoas a deixarem de lado o convívio em comum. E criou uma nova patologia denominada "tecnose", a compulsão por tecnologia.

Enquanto muitos não acompanham a evolução tecnológica, outros se tornam escravos dela. Assim, o individualismo prevalece e o diálogo, a convivência, o auxílio ao próximo e até mesmo Deus e a espiritualidade ficam em segundo plano.

A internet, o celular e outros mecanismos que deveriam facilitar a vida, tomam tempo e geram estresse, pois é impossível acompanhar e digerir toda a informação disponível. A comunicação apesar de rápida e interligar o planeta, não significa necessariamente eficiência e confiabilidade.

As mudanças estão acontecendo rapidamente. Muitos não conseguem mais viver sem a praticidade da tecnologia, mas para outros a evolução tecnológica é algo distante e até mesmo inacessível. Diante desses dois extremos, é preciso buscar o equilíbrio. Não podemos permitir que nos tornemos pessoas frias, alheias à convivência humana e desconectadas de Deus!

Palavra que orienta

"Por isso mesmo, dedicai todo o esforço
em juntar à vossa fé a fortaleza,
à fortaleza o conhecimento,
ao conhecimento o domínio próprio,
ao domínio próprio a constância,
à constância a piedade,
à piedade a fraternidade,
e à fraternidade, o amor" (2Pd 1,5-7).

O Papa Bento XVI refere-se às novas tecnologias como um "verdadeiro dom para a humanidade": "As novas tecnologias contribuem para a expansão do diálogo em povos de diferentes culturas, religiões e países, e precisam ser postas a serviço de todos os seres humanos e de todas as comunidades, sobretudo de quem está necessitado e é vulnerável". Assim, as novas relações que se estabelecem devem promover uma cultura de respeito, diálogo e amizade. Não devemos permitir que a "ligação virtual se torne obsessiva" e, como consequência, "a pessoa venha a isolar-se, interrompendo a interação social real", pois "seria triste se o nosso desejo de sustentar e desenvolver on-line as amizades fosse realizado à custa da nossa disponibilidade para a família, para os vizinhos e para aqueles que encontramos na realidade do dia a dia, no lugar de trabalho, na escola, nos tempos livres".

É, portanto, uma questão de disciplina, de colocar limites a si mesmo, agindo com moderação diante de qualquer tipo de excesso, mantendo o equilíbrio entre o mundo virtual e o real, para não se tornar escravo da tecnologia. Como diz o Apóstolo Paulo: "A mim tudo é permitido, mas nem tudo me convém. A mim tudo é permitido, mas não me deixarei dominar por coisa alguma" (1Cor 6,12).

Mensagem de esperança

Reflita sobre o impacto que a tecnologia tem causado em sua vida e se concluir que está se tornando dependente, que isso está interferindo nas atividades cotidianas e nos seus relacionamentos, é bom tomar precauções.

Atitudes simples podem amenizar a dependência tecnológica, como desligar o celular sempre que possível, sobretudo em momentos de lazer; descartar e-mails e mensagens inúteis; exercitar o autodomínio e procurar controlar o impulso pelo "novo"; reservar tempo para encontrar as pessoas ou simplesmente ficar em silêncio.

Deus concedeu ao homem o conhecimento para criar e aperfeiçoar a tecnologia, mas ela deve ser usada em benefício de toda a humanidade. Cabe a cada um de nós buscar o equilíbrio entre a tecnologia que abre as portas do mundo virtual e a vida real, sendo perfeitamente possível conviver e usufruir das vantagens e facilidades advindas, sem esquecer a convivência humana e sem distanciar-se de Deus.

Busque a justa medida entre todas as coisas e viverá melhor!

Oração

Pai amado, revendo minhas atitudes, percebo que desenvolvi uma dependência e não consigo mais viver sem celular, internet (relate sua experiência). Consciente da minha fraqueza, busco tua ajuda, para que com a força do Espírito Santo eu adquira domínio próprio.

Concede sabedoria para que eu possa reencontrar meu equilíbrio. Liberta-me da ânsia de viver conectado que me está escravizando. Conduz-me e mostra-me os caminhos a seguir, com a prática da temperança no meu dia a dia. Orienta meu modo de pensar e minhas ações.

Senhor Jesus Cristo, sê minha força e auxílio nas horas de fraqueza. Defende-me do individualismo, para que eu não me torne prisioneiro da tecnologia e de mim mesmo. Ajuda-me a renunciar ao excesso tecnológico e dá-me o desapego necessário para transformar meu coração e buscar a serenidade, a alegria, o desprendimento e até mesmo a solidão, quando for necessário.

Senhor, quero te agradecer por eu ter tomado consciência de que necessito da tecnologia, mas também por ter clareza de que preciso usufruir dela com equilíbrio.

Espírito Santo, ilumina minha vida com tua luz, abrasa meu coração com teu amor, santifica meu ser com teus dons e concede-me a paz e a temperança. Que assim seja!

> "Senhor, tem piedade, Senhor,
> vem em meu auxílio
> e concede-me a temperança"
> (Sl 30[29],11b).

Contexto

Depressão não é apenas uma sensação de tristeza, é uma doença que precisa ser diagnosticada e tratada, pois afeta o comportamento das pessoas e a saúde de uma forma geral. Na maioria dos casos, a pessoa com depressão não consegue melhorar sozinha. Precisa de oração e do apoio de amigos e familiares, cultivar sonhos e pensamentos positivos, fazer passeios, conviver com outras pessoas, além, é claro, de um tratamento adequado.

Vários fatores contribuem para dar origem à depressão: alterações orgânicas, problemas de ordem psicossocial, causas ambientais ou estresse decorrente da perda de alguém que se ama ou de emprego, de separações, excesso de trabalho, dificuldades financeiras etc. A sensação é a de se estar "no fundo do poço", sem forças para prosseguir, e sem encontrar sentido para a vida.

Se você anda deprimido, precisa reagir e procurar ajuda. O sofrimento pode nos fazer crescer, mas quando ele se transforma em doença, precisa ser tratado. Afinal, fomos criados por Deus para sermos pessoas saudáveis, somos preciosos aos seus olhos, ele nos ama e nos quer felizes!

Palavra que orienta

"Não tenhas medo que fui eu quem te resgatou,
chamei-te pelo próprio nome, tu és meu!
Pois és muito precioso para mim,
[...] é a ti que eu quero!" (Is 43,1a.4a).

Assim como o salmista, nos momentos mais angustiantes muitas vezes sentimo-nos abandonados e questionamos: "Senhor, por que estás tão longe e te escondes no tempo da angústia?" (Sl 9,[9B],1). Mas Deus está sempre presente e afirma: "Não tenhas medo, estou contigo!" (Is 43,5a). Ele nos ama, e seu amor por nós é o mesmo ontem, hoje e sempre.

Deus está conosco todos os dias, nos chama pelo nome e oferece a oportunidade de recomeçarmos sempre. Somos únicos e preciosos aos olhos dele. E se tivermos isso claro dentro do nosso coração poderemos encontrar as forças para vencer a depressão.

Então, quando sentirmos as forças depressivas se aproximando, vamos nos lembrar das promessas de amor na Palavra de Deus: "Acaso uma mulher esquece o seu neném, ou o amor ao filho de suas entranhas? Mesmo que alguma se esqueça, eu de ti jamais me esquecerei! Meu amor para contigo nunca vai mudar, minha aliança perfeita nunca há de vacilar!" (Is 49,15; 54,10). E como diz a música: "Mesmo diante dos problemas, se a dor te faz desanimar, saiba caminhar com ele, vale a pena, o amor de Deus tudo vai superar" (Cleidimar Moreira). Acredite nisso!

Mensagem de esperança

A depressão pode ser vencida. Comece por reconhecer o problema e aceite ajuda. Deixe de remoer os fracassos do passado, livre-se da angústia.

As atitudes de hoje influenciarão seu amanhã. Então planeje seu futuro de modo factível, estabelecendo metas reais e desafios que podem ser vencidos. Pense positivo e crie objetivos claros a serem alcançados.

Procure restaurar sua vida física, psíquica e espiritual. Creia que Deus o ama e caminha a seu lado para fortalecê-lo na fé. Busque o socorro da graça na Palavra do Senhor e principalmente na oração.

No encontro com Deus, reflita sobre a sua realidade e agradeça por todas as bênçãos que recebe gratuitamente das mãos de Deus.

Jesus ensinou: "A cada dia basta o seu mal" (Mt 6,34). Por isso, viva o presente e enfrente um problema de cada vez. Cada dia é uma nova oportunidade de viver e recomeçar. Erga a cabeça e siga em frente sem medo! Deus o ama!

Oração

Senhor, estou tão deprimido que não consigo nem rezar. Sei que conheces meu coração e com fé te peço: liberta-me deste cativeiro de dor e tristeza.

Jesus, pelo teu poder libertador, tira de mim toda a depressão, o medo, a autopiedade, a opressão, a culpa, a falta de perdão e qualquer outra força negativa que tenha investido contra mim. Livra-me de todos os traumas e experiências dolorosas que me impedem de ver tua luz e ser feliz. Cura-me de toda mágoa e de todo ressentimento que trago em meu coração. Restaura-me física e espiritualmente.

Cuida de mim, Senhor, e dá-me forças para superar este momento difícil de minha vida, discernindo os caminhos que devo seguir. Fortalece-me diante das dificuldades, fazendo com que eu reencontre o verdadeiro sentido para minha vida.

Ajuda-me a alcançar-te e a tocar-te, mantendo os olhos fixos em ti e não nos problemas.

Dá paciência às pessoas que convivem comigo. Que elas me entendam e deem o apoio que preciso para melhorar. Ilumina os profissionais que cuidam de mim, para que encontrem meios de me ajudarem na recuperação.

Obrigado, Senhor, pelo amor que tens por mim. Amém!

"Senhor, liberta-me segundo tua promessa"
(Sl 119[118],170).

Contexto

Há momentos na vida em que as coisas não saem como queremos. Fracassos afetivos ou financeiros, a falta de perspectivas profissionais ou a saúde que não melhora... Quando o desânimo se instala, sentimo-nos sem forças e tudo parece perder o sentido. A sensação é de que nada mais adianta e a vontade é a de simplesmente desistir.

Mas, ao contrário, devemos lutar para vencer a apatia, buscar a alegria, a autoestima e a paz, ter metas claras e motivação para viver. Devemos focar nossos objetivos espirituais e materiais, a fim de sermos úteis a nós mesmos, à nossa família e à sociedade.

Podemos comparar a vida a uma peça de teatro, na qual cada um representa o seu papel, que pode ser o de ator principal ou de mero coadjuvante. Somos nós que escrevemos a história de nossa vida, dia após dia, quando tomamos nossas decisões e fazemos opções.

Quando sentir que o desânimo ameaça tomar conta de você, segure as mãos de Jesus e, numa decisão cheia de fé, lance todas as suas angústias sobre ele, que se preocupa e cuida de você. Não se apavore com as dificuldades, seja maior que seus problemas. Não desanime! Deus está contigo.

Palavra que orienta

"Sede fortes e corajosos!
Não vos intimideis [...] Pois o Senhor teu Deus
é ele mesmo o teu guia, e não te deixará
nem te abandonará" (Dt 31,6).

Paulo encontrava-se apreensivo com o que lhe aconteceria em Jerusalém, aonde pretendia levar o Evangelho, e um anjo enviado por Deus encoraja-o a continuar sua missão e a realizar seus planos (cf. At 27,23-25).

Assim como Paulo, as pessoas que amam a Deus sobre todas as coisas depositam nele a sua confiança e recebem a promessa de que ele nunca as abandonará (cf. Dt 31,6). É mais fácil, então, se animar e perseverar, resistir às tentações e provações, confiando plenamente no Senhor, que diz: "Coragem! Sede fortes!".

"Enfim, fortalecei-vos no Senhor, no poder de sua força" (Ef 6,10). O Senhor é maior que tudo e vai diante de nós! Ele nos ama e jamais permitirá que as provações sejam superiores ao que podemos suportar.

Como discípulos de Jesus, precisamos aprender a assumir uma posição interior de combate às dificuldades logo que elas aparecerem, não deixando que tomem conta de nós. Como podemos fazer isso? Levantando bem alto o escudo da fé!

Precisamos de força espiritual para lutar contra o sentimento de desânimo que leva à inércia. É necessário ter persistência para vencê-lo, para ver surgir a graça, a alegria, o alento. Alimentar nosso espírito com o poder de Deus e não dar espaço para pensamentos negativos.

A fé é um dom. Animemo-nos! Sejamos fiéis aos ensinamentos de Deus e tenhamos esperança em dias melhores, pois Jesus está atento às nossas necessidades.

DESÂNIMO

Mensagem de esperança

Todas as coisas cooperam para o bem daqueles que amam a Deus (cf. Rm 8,28).

Quando estiver atravessando águas profundas e sentir que vai naufragar, não tema! Deus está pronto a ajudá-lo e não quer vê-lo desanimado.

O desânimo passageiro é normal. O que não pode é permanecer desanimado por longos períodos. Isso deve ser renunciado, porque traz amargura e abatimento. "Não tenhas medo, não te acovardes" (Js 1,9).

Faça o que estiver ao seu alcance para superar a apatia. Procure descobrir as causas e as possíveis soluções para o problema.

Confie em Deus. Ele é Pai e o ama, preocupa-se com você e quer sua felicidade! Ele está sempre dando sinais de sua presença em nosso meio. Fique atento à ação dele.

Renuncie ao desânimo, caminhe confiante e vencerá!

Oração

Senhor, neste momento em que me encontro desanimado e sem vontade de seguir adiante, coloco-me na tua presença e peço que me conduzas pelos caminhos de Jesus, para que eu encontre a luz.

Em minha vida há tristeza, amargura, problemas sem fim. Ajuda-me a vencer o desânimo e lutar para encontrar a saída. Vem em meu auxílio e protege-me. Fortalece-me com teu Espírito Santo, fazendo com eu reencontre o ânimo e a vontade de seguir confiante, trilhando os caminhos da vida.

Que eu vença as dificuldades com alegria e possa em tudo te louvar e agradecer.

Senhor Jesus, esteja diante de mim para guiar-me e muda tudo o que não sou capaz, a começar pelo meu coração. Salva-me, Senhor, como salvastes a Pedro que afundava nas águas do mar. Refrigera minha alma para que eu encontre tua paz e conduz-me por águas tranquilas.

Obrigado, Senhor, por ouvires minha prece! Amém!

"Protege-me, ó Deus:
em ti me refugio"
(Sl 16,1).

Contexto

O desemprego é um problema social, com o qual milhares de pessoas se deparam. É uma situação muito frustrante, uma dura realidade para quem depende do trabalho para sobreviver.

Quem busca o primeiro emprego tem dificuldades em conseguir, pela falta de experiência ou de qualificação. O emprego do trabalhador experiente pode, no entanto, ser atingido por crises financeiras, por mudanças no setor econômico, pela tecnologia que dispensa a atividade humana. Seja qual for o motivo, o sentimento é de inaptidão e impotência. A vida pessoal, familiar e social se desestrutura, podem surgir problemas de saúde, em razão do excesso de preocupação. Pior quando se trata de pais e mães que não têm como proporcionar alimentação, saúde e educação a seus filhos.

O trabalho é de suma importância ao ser humano, faz parte de sua vida e de sua identidade. Ele dignifica o homem e a mulher e supre não só as carências materiais, mas também a necessidade de integração social. Por isso, na Bíblia há muitas passagens que fazem referência à necessidade do trabalho na vida das pessoas.

Palavra que orienta

"Viverás do trabalho de tuas mãos,
viverás feliz e satisfeito" (Sl 128[127],2).

Todos devem ter acesso a um trabalho digno que lhes permita o próprio sustento. No entanto, se você está sem emprego e tem a sensação de estar atravessando um "vale escuro", repita o versículo 4 do Salmo 23 com muita fé: "Se eu tiver de andar por vale escuro, não temerei mal nenhum, pois comigo estás. O teu bastão e teu cajado me dão segurança".

Não desanime. Em épocas de dificuldades, faz-se necessário caminhar com fé e buscar em Deus o amparo e proteção, pois "Na verdade, a todo aquele a quem Deus concedeu riquezas e fortuna, e lhe atribuiu a possibilidade de alimentar-se, de levar a sua parte e desfrutar do seu trabalho, isto é dom de Deus" (Ecl 5,18).

Ao sair em busca de trabalho, mostre-se seguro e corajoso, pois o Senhor vai contigo (cf. 1Cr 18,20a). Confie na promessa de Deus: "Conheço a tua conduta. Vê, eu abri à tua frente uma porta e ninguém a poderá fechar. Pois tua força é pequena, mas guardaste a minha palavra e não renegaste o meu nome" (Ap 3,8).

DESEMPREGO

Mensagem de esperança

Se você está passando por uma fase difícil de desemprego, convido-o neste momento a entregar suas ansiedades e preocupações para Jesus e confiar no Senhor, que lhe dará forças para procurar um novo trabalho e enfrentar novos desafios.

O Senhor não permitirá que você se abale, pois, "Deus, seu caminho é sem mácula, a Palavra do Senhor é provada no fogo; ele é o escudo de quem nele confia" (2Sm 22,31).

Reze sem jamais duvidar do amor de Deus por você. O Senhor ouve os que clamam por ele (cf. Sl 4,4b). Por isso, confie, peça auxílio e segure-se na mão do Senhor. Faça uma avaliação de sua vida profissional. Visualize novas oportunidades. Busque aperfeiçoamento, se for necessário.

Nosso Deus é o Deus do impossível, e ele ajuda quem nele confia. Ofereça-lhe suas dificuldades, dores e até mesmo seu desespero. Reze, confie plenamente nele e fique atento à sua direção. Com fé e determinação você vencerá.

Oração

Senhor, em ti me refugio neste momento difícil. Estou desempregado e as preocupações têm sido minhas companheiras. É com o fruto de meu trabalho que supro as minhas necessidades e de minha família, por isso te peço: nutre em minha alma a esperança em dias melhores!

Tu disseste: "Não se perturbe o vosso coração! Credes em Deus, crede também em mim" (Jo 14,1). Eu creio, Senhor, mas as preocupações são tantas que às vezes minha fé vacila. Entrego a ti minha ansiedade e com confiança rogo que me mostres o caminho a seguir.

Envia teu Espírito Santo, para afastar de mim o desânimo. Concede-me o dom da perseverança. Abre os meus ouvidos para escutar o Pai; o meu coração para os sinais de Deus; os meus olhos para eu ver novas oportunidades de trabalho. Dá-me disposição para aperfeiçoar-me e crescer profissionalmente.

Eu te louvo e te bendigo por tua presença contínua em minha vida. Firma meus pés nos passos de Jesus.

Obrigado, Senhor, por ouvir meu clamor. Amém!

> "Senhor, a obra de nossas mãos
> confirma para nós"
> (Sl 90[89],17b).

DESEMPREGO

Contexto

As dificuldades financeiras são uma realidade na vida de muitas pessoas que gastam mais do que ganham e acabam seriamente endividadas. Seja uma simples falta de controle momentânea ou uma crise decorrente de problemas familiares, o problema é sério e pode levar casais à separação, gerar problemas de saúde e até mesmo dar origem a atos de desespero em quem passa pelo estresse de não ter como cumprir seus compromissos.

Vivemos numa sociedade capitalista e é impossível viver sem dinheiro, mas não podemos nos tornar seus escravos. Precisamos exercer o controle sobre o consumo desenfreado e sobre nossas finanças. Adiar uma compra pode ajudar a refletir sobre a sua real necessidade. Também pode ser mais inteligente juntar o valor correspondente, e não enfrentar os juros de um parcelamento.

Além de avaliar onde e como estamos aplicando nosso dinheiro, é interessante analisar a possibilidade de fontes alternativas de renda. Se o problema já se instalou, é hora de cortar os gastos supérfluos e renegociar as dívidas. Procure se fortalecer com os ensinamentos de Deus a respeito do dinheiro.

Palavra que orienta

"Revela ao Senhor tuas tarefas,
e teus projetos se realizarão"
(Pr 16,3).

É difícil encontrar uma pessoa que não tenha passado por um apuro financeiro alguma vez na vida, assim como não é fácil admitir que se tem um problema nessa área.

A Palavra de Deus também nessa hora pode ser de grande ajuda:

- para controlar o consumismo e a ambição: "Que vossa conduta não seja inspirada pelo amor ao dinheiro. Contentai-vos com o que tendes" (Hb 13,5);
- para buscar a harmonia entre o ter e o ser, uma vez que "Não só de pão vive o ser humano, mas de toda palavra que sai da boca de Deus" (Dt 8,3; Mt 4,4);
- para confiar em Deus, pois "o coração humano projeta o caminho, mas é o Senhor quem dirige os passos" (Pr 16,9).

Devemos inclusive contribuir com o dízimo, que é um preceito bíblico e uma promessa divina, em que Deus nos diz: "Trazei ao tesouro do templo o dízimo integral, para que haja recursos na minha casa. [...] Vamos ver se não abro as comportas do céu, se não derramo sobre vós minhas bênçãos de fartura" (Ml 3,10).

"Revela ao Senhor teus negócios" (Pr 16,3a) e trabalhe com os olhos voltados para o alto, com absoluta confiança na providência divina (cf. Mt 6,24-34), pois "bendito aquele que confia no Senhor, o Senhor mesmo será sua segurança" (Jr 17,7).

Mensagem de esperança

Se você reconhecer que está com dificuldades financeiras e tomar a decisão de fazer as mudanças necessárias, seguindo os ensinamentos bíblicos sobre finanças, terá de volta a alegria e a esperança.

Nada de desespero. Manter a calma é fundamental. São momentos difíceis, mas, como uma tempestade, tudo passará.

Leia livros que ofereçam dicas de como organizar as finanças e, se for necessário, procure ajuda. Esteja disposto a corrigir o rumo de sua vida e não duvide da providência divina. Busque a Deus através da oração, pois ele é fiel e não o desampara nunca (cf. Dt 31,6). Persevere com força e coragem, levando a certeza de que Jesus ama você e proverá todas as suas necessidades.

> "Em Deus confio, não temerei"
> (Sl 56[55],12a).

Oração

Senhor, muitas são as dificuldades financeiras que enfrento e sei que para ti minha situação financeira é importante, pois muitos são os teus ensinamentos a respeito disso e há a promessa de prosperidade para os que te buscam com sinceridade.

Meu coração está inquieto e aflito com as dívidas que precisam ser honradas. Mostra-me o caminho a seguir e guia-me na tua verdade para que este problema seja solucionado.

Concede-me os meios de conseguir os recursos necessários para saldar meus compromissos e recuperar a tranquilidade. Aquieta meu coração, devolvendo-me a esperança em dias melhores. Ensina-me a viver de acordo com meus rendimentos e distinguir o que é prioridade do que é supérfluo.

Senhor, derrama teu amor misericordioso sobre mim e minha família. Concede-me a graça de ser fiel aos teus ensinamentos, inclusive devolvendo em forma de dízimo parte do muito que me dás. Tudo que tenho a ti pertence, até mesmo o bem mais precioso que é minha vida e a daqueles que amo.

Obrigado, Senhor, por tudo que me concedes e por abençoares minhas finanças. Amém!

Contexto

Quando temos que conviver com uma situação de dor e sofrimento, como é o caso da doença, nossa vida sofre inúmeras alterações e experimentamos, de modo particular, os nossos limites e a nossa finitude.

As mais graves requerem tratamento prolongado e maiores cuidados. Nossa liberdade e as atividades habituais ficam comprometidas e subitamente tomamos consciência do quanto a saúde é valiosa.

Se antes podíamos agir livremente e auxiliar os outros, trabalhando e participando da vida em sociedade, agora nos vemos muitas vezes dependentes da ajuda alheia, presos a um repouso forçado ou ao isolamento.

Diante da doença, temos dois caminhos a seguir: revoltar-se, que nos levaria a uma crise de fé; ou aceitar a situação como um apelo de Deus, que nos convida a uma fé ainda mais profunda, que não significa a renúncia ao desejo de cura e aos tratamentos que levem a ela. O Eclesiástico diz: "Honra o médico, porque ele é necessário; foi o Altíssimo quem o criou. De Deus lhe vem a Sabedoria [...]. O Altíssimo faz sair da terra os medicamentos, e o homem sensato não os rejeita" (Eclo 38,1-2a.4).

Palavra que orienta

"Filho, se adoeceres, não te descuides,
mas roga ao Senhor, e ele há de curar-te"
(Eclo 38,9).

É pelo sofrimento que muitas vezes o homem se aproxima de Deus, e o que seria uma ocasião de desamor (a dor, o sofrimento, a doença) torna-se oportunidade de transformação. Santo Afonso de Ligório dizia: "Não podemos ter maior garantia de agradarmos a Deus do que aceitando de boa vontade as cruzes mandadas por ele. É no sofrer com alegria as coisas contrárias ao nosso amor-próprio que se conhece quem ama de verdade o Senhor".

"Quem vive em graça não teme sofrimento", diz Bento XVI. Precisamos aprender a sofrer, dando sentido ao sofrimento e reconhecendo a presença de Deus também na doença. São Francisco de Assis já dizia: "É tão grande o bem que espero, que todo o sofrimento me é um grande prazer".

Que possamos fazer nossas as palavras de Paulo: "Quem nos separará do amor de Cristo? Tribulação, angústia, perseguição, fome, nudez, perigo, espada? Mas, em tudo isso, somos mais que vencedores, graças àquele que nos amou" (Rm 8,35.37). Jesus, que se compadecia das pessoas que sofriam, curando quem estivesse doente e demonstrasse fé, venceu todo o mal que há no mundo e nos ensina a amar, viver, sofrer, morrer e ressuscitar, também através do sofrimento, para que nos santifiquemos.

Mensagem de esperança

Jesus não nos prometeu uma vida só de prazeres. Ele sabia que as tribulações nos acompanhariam. Segundo Santo Agostinho: "Deus não permitiria o mal nos atingir se não soubesse tirar dele algum proveito".

É nesse amor infinito de Deus que devemos alicerçar nossa fé diante da doença, que nos debilita física e emocionalmente e nos torna menos assíduos na oração e, consequentemente, fragilizados na fé.

É sensato procurar ajuda médica, como nos ensina o próprio Deus (Eclo 38,1-15), pois o médico foi criado por ele e existe para nos auxiliar diante de nossas enfermidades. Então, não se deixe vencer pela doença, mas enfrente o sofrimento e caminhe com fé em busca da cura.

"Nada te perturbe, nada te espante. Tudo passa. Só Deus não muda, a paciência tudo alcança. Quem a Deus tem nada lhe falta, só Deus basta!", é o que nos ensina Santa Teresa D'Ávila. E mesmo que aos olhos dos homens a cura pareça difícil, e até mesmo impossível, para Deus tudo é possível (cf. Mt 19,26).

Oração

Senhor, Deus do impossível, clamo a ti neste momento e deposito em ti minha confiança, enquanto peço que restaure minha saúde.

Envia teu Espírito Santo sobre os profissionais que estão me acompanhando no tratamento desta doença da qual estou acometido. Que eles tenham discernimento sobre qual o melhor tratamento para uma rápida recuperação da minha saúde.

Senhor Jesus, recorro a ti neste momento difícil e peço que me concedas a graça de suportar dignamente essa doença e, se for da tua vontade, que me cure, assim como fizeste com tantos que de ti se aproximaram com fé e esperança.

Clamo a ti, Senhor Jesus! Dá-me paciência, doçura e delicadeza, que é tão difícil de ter quando não se tem saúde. Concede-me a graça de encontrar o verdadeiro sentido para esse mal que me aflige, buscando através do sofrimento a santificação. Que fortalecido na fé e na esperança, eu possa sentir tua presença a me amparar. Que eu não desanime, mas persevere até o fim do tratamento.

Vem, Senhor, em socorro à minha falta de fé (Mc 9,22). Em ti confio e em ti espero. "Cura-me, faze-me sobreviver" (Is 38,16). Amém!

> "Cura-me, Senhor, e ficarei curado;
> salva-me e serei salvo,
> porque és tu a minha glória"
> (Jr 17,14).

DOENÇA

Contexto

Droga é o nome dado às substâncias, naturais ou sintéticas, que alteram transitoriamente a percepção de quem as consome.

Diante da incapacidade de enfrentar problemas e resolver frustrações, muitas pessoas recorrem ao uso de drogas, sejam elas lícitas ou ilícitas, como uma forma momentânea de fuga. Na falta de valores éticos, morais e religiosos profundos, essas substâncias preenchem o vazio de uma sociedade empobrecida de significados e objetivos.

O consumo continuado, e em quantidades cada vez maiores para conseguir os mesmos efeitos, gera dependência e provoca problemas físicos graves, tais como perda de memória, impotência sexual e até mesmo lesões cerebrais. Do ponto de vista psicológico, provocam mudanças profundas de personalidade e atitudes antissociais. Afetam também a capacidade de julgamento, o humor e as relações interpessoais, comprometendo a convivência familiar, o trabalho, o rendimento escolar.

Na maioria das vezes, o dependente químico não percebe o mal que está fazendo a si mesmo e às pessoas próximas e precisa ser encaminhado a um tratamento especializado, que inclui acompanhamento espiritual.

Palavra que orienta

"Meu filho, escuta as minhas palavras
e dá ouvido às minhas sentenças.
Que elas não se afastem de teus olhos;
pelo contrário, guarda-as no fundo do coração:
elas são vida para os que as encontram
e saúde para todo o seu corpo" (Pr 4,20-22).

Quando se recorre às drogas para fugir da realidade ou solucionar algum problema, em um primeiro momento pode-se ter uma sensação de bem-estar e conforto. Entretanto, depois que o efeito passa, percebe-se que a situação continua exatamente a mesma, ou até pior, uma vez que a necessidade essencial não foi saciada.

Se você é dependente de algum tipo de droga, acolha o conselho de Deus, que o convida a estar atento à sua Palavra. Disponha-se a escutar, aprender e aplicar os bons princípios na sua vida, obtendo a cura da alma. Quando nos aproximamos de Deus e guardamos suas palavras em nosso coração, a dependência vai sendo aos poucos substituída pelo amor que ele tem por nós.

Jesus prometeu que, diante dos problemas, nos daria força e coragem para transpor as barreiras. Ele, que curou tantas pessoas que dele se aproximaram, restituindo a saúde a quem tinha fé (Lc 9,11), vai curá-lo também. Ele quer a sua cura e que isso aconteça a partir do seu íntimo, através do perdão, da mudança de vida, da oração, passando necessariamente pela fé que provém do conhecimento e vivência da Palavra de Deus.

Mensagem de esperança

Para livrar-se da dependência das drogas, é necessário querer e ter muita força de vontade. Essa coragem para vencer as inclinações aos vícios é encontrada na oração, nos grupos de apoio a dependentes químicos, em clínicas especializadas e na família. "A força não provém de uma capacidade física, e sim de uma vontade indomável" (Mahatma Gandhi).

Não é fácil, mas procure firmar-se na Palavra de Deus. Reconheça a bondade, a compreensão e o grande amor que Deus Pai tem por você. Desperte de forma intensa seu lado espiritual e peça ao Espírito Santo que lhe conceda o dom da fé.

Aceite a ajuda médica e busque a sua reintegração à vida familiar e social. Rejeite as pressões que o levam ao consumo das drogas. Acredite na vitória da vida e procure recuperar o gosto de viver. Enfim, celebre cada dia vivido em sobriedade e, se tiver uma recaída, tente novamente. Com Jesus você vencerá!

Oração

Deus Pai, recorro a ti neste momento em que vejo minha vida destruída pelo vício. O que no começo era prazer tornou-se tristeza e dor.

Peço a graça de libertar-me deste vale de lágrimas e do mal que tem atormentado minha vida; tem compaixão de mim e dá-me forças para curar-me dessa dependência. Peço também pela libertação de todas as pessoas que estão no mundo das drogas, totalmente cegas e atormentadas. Tem misericórdia delas e de suas famílias que igualmente sofrem com os vícios.

Eu clamo, Senhor Jesus: retira de minha alma este sofrimento que causa tanta dor! Dá-me a força necessária para eu dizer não aos anseios da carne. Que eu possa encontrar em ti a coragem para mudar de vida e as respostas para meus dilemas.

Só tu, ó Deus, podes perdoar-me, libertar-me e transformar me em nova criatura! Ajuda-me, Senhor. Vem em meu socorro! Afasta de mim todo tipo de droga. Renova minha alma e meu ser. Em ti confio e em ti espero. Amém!

"Piedade de mim, Senhor"
(Sl 86[85],3).

Contexto

A maneira como nosso organismo reage diante de determinadas situações, a sobrecarga de tarefas e responsabilidades, o excesso de preocupações e de cobranças (dos outros e as que fazemos a nós mesmos) podem ocasionar o estresse e afetar nosso equilíbrio emocional.

O estresse em si não é ruim, é uma reação do organismo para se proteger. O problema surge quando ele é contínuo, causando estafa e esgotamento físico e mental. Reconhecemos quando uma pessoa está estressada quando demonstra obsessão pelo trabalho, mau humor constante, ansiedade e diminuição da autoestima.

Uma das formas de lidar com o estresse é organizar as atividades diárias, priorizando o que é essencial e que não pode ser adiado. Dessa maneira, é possível encontrar tempo para o lazer, as atividades físicas e os momentos de descanso, que relaxam e trazem equilíbrio ao organismo. A oração e o cuidado da alma também fazem parte do tratamento e aliviam as tensões.

A Bíblia nos ensina a renovarmos nossas forças no Senhor, buscando o descanso espiritual e ocupando o vazio que só Deus é capaz de preencher. Precisamos não só de sustento para o corpo, mas também de alimento para nosso espírito.

Eliminar todo o estresse é difícil, impossível até, mas podemos evitar que ele nos domine com a ajuda de Deus.

Palavra que orienta

"Mas os que esperam no Senhor
renovam suas forças, criam asas como águia,
correm e não se afadigam, andam,
andam e nunca se cansam" (Is 40,31).

O estresse pode desequilibrar a nossa vida, mas, se buscamos, Deus está por perto para nos salvar: "O Senhor salva os ânimos abatidos" (Sl 34[33],19).

Com frequência assumimos muitos compromissos e tentamos resolver tudo do nosso modo. Precisamos aprender a delegar tarefas, confiar nos outros e principalmente em Deus.

Paulo, que também viveu situações estressantes, nos ensina que devemos elevar nossos problemas a Deus: "Não vos preocupeis com coisa alguma, mas, em toda ocasião, apresentai a Deus os vossos pedidos, em orações e súplicas, acompanhadas de ação de graças. E a paz de Deus, que supera todo entendimento, guardará os vossos corações e os vossos pensamentos no Cristo Jesus" (Fl 4,6-7).

Diariamente passamos por muitos problemas, mas, para solucioná-los, não precisamos necessariamente de agitação. Se seguirmos a recomendação do salmista – "Entrega ao Senhor o teu futuro, espera nele, que ele vai agir" (Sl 37[36],5) – e confiarmos em Deus, ele nos direcionará, teremos paz e agiremos com calma.

Temos em Maria, mãe de Jesus, um belíssimo exemplo de entrega e confiança. Embora não entendesse os desígnios de Deus, ela aceitou tudo na mais completa entrega, dizendo: "Faça-se em mim segundo a tua vontade" (Lc 1,38). Isso é confiança, isso é fé, isso é entrega total a Deus!

Mensagem de esperança

Para eliminar o estresse, o primeiro passo é identificar as suas causas. Enquanto isso, procure gerenciar melhor o seu tempo, priorizando as tarefas. Diminua o ritmo de suas atividades, buscando o equilíbrio. Descanse o seu físico e sua mente o máximo que puder. Relaxe seu corpo, tranquilize-se e tente dormir o suficiente.

Observe ao seu redor e encontre pessoas para conversar. Aprenda a rir mais, buscando manter o senso de humor durante as situações difíceis. O riso não somente ajuda a aliviar a tensão e a manter as perspectivas, mas também reduz os níveis do hormônio do estresse.

Examine seus valores de vida e pergunte a si mesmo o que é realmente importante. Busque o refrigério da alma entregando a Deus suas preocupações. Ele cuida de você!

Oração

Senhor: "Alivia as angústias do meu coração, livra-me das aflições" (Sl 25[24],17). Inunda minha alma com tua paz e mostra-me o que preciso fazer para me libertar do estresse. Envia o teu Espírito Santo para mostrar-me a direção que devo seguir. Diante de ti coloco meu coração, para que renoves minhas forças e eu possa dar um novo rumo à minha vida, buscando o equilíbrio da mente, do corpo e da alma.

Silencia, Senhor, a agitação inútil que tenho no meu interior. Cura-me da inquietação, da ansiedade, do desânimo, do esgotamento físico e mental, da obsessão pelo trabalho, da irritabilidade, da falta de autoestima, do mau humor e de tudo o mais que contamina minha paz interior.

Como Maria, eu te digo: "Faça-se em mim segundo a tua vontade" (Lc 1,38). Entrego-me totalmente a ti. Aumenta minha fé e concede-me coragem e sabedoria para enfrentar os desafios da vida cotidiana. Amém!

"Senhor, alivia as angústias do meu coração
e dá-me tua paz"
(Sl 25[24],17; Jo 14,27).

Contexto

A alegria é um sentimento de prazer, contentamento ou felicidade que produz bem-estar, sensação de harmonia entre o físico, o mental, o espiritual e o emocional.

Temos inúmeros motivos para nos alegrarmos, como as conquistas pessoais e comunitárias, que alimentam nossa esperança e nos animam a continuar buscando a realização de projetos e sonhos.

No entanto, muitas pessoas vivem tristes e não conseguem descobrir uma razão para alegrar-se. Procuram a felicidade em grandes acontecimentos e se esquecem de desfrutar as coisas simples da vida, como um dia ensolarado, um olhar de admiração, o sorriso de uma criança, um convite de um amigo.

Na verdade, a alegria está bem perto de nós e é contagiante, desde que estejamos abertos a ela. Ela se manifesta especialmente quando praticamos a caridade e fazemos o bem a outras pessoas, ou quando retribuímos com amor e gratidão a quem faz o mesmo por nós. Ela deve ser nossa companheira, mesmo diante das dificuldades, pois confere energia para mudar o que não está dando certo.

Estudos afirmam que vinte minutos de bons pensamentos ao longo do dia melhoram o sistema imunológico e fazem os anticorpos ficarem mais resistentes, o que proporciona maior bem-estar. A ciência comprova, assim, que a alegria melhora a saúde, conforme a Palavra de Deus: "Ânimo alegre faz florescer a saúde" (Pr 17,22).

Palavra que orienta

"Se observardes os meus mandamentos,
permanecereis no meu amor [...].
Eu vos disse isso para que
a minha alegria esteja em vós,
e a vossa alegria seja completa" (Jo 15,10-11).

A alegria é uma das consequências mais visíveis da plenitude do Espírito Santo em nós. Apesar das inúmeras bênçãos recebidas, poucas vezes demonstramos a nossa gratidão e a alegria de sermos filhos amados de Deus. Aos poucos, deixamos de celebrar as pequenas conquistas, passamos a reclamar de tudo e a ver apenas os aspectos negativos dos acontecimentos.

É importante ter um coração agradecido, por isso, reserve diariamente alguns momentos para a oração. Busque ler e meditar a Palavra de Deus, assimilando os seus ensinamentos e colocando-os em prática: "a alegria do Senhor será a vossa força" (Ne 8,10b).

A nossa experiência deve ser como a do salmista: "Atende, Senhor, tem piedade, Senhor, vem em meu auxílio. Mudaste em dança meu lamento, minha veste de luto em roupa de festa para que meu coração cante sem cessar. Senhor, meu Deus, eu te louvarei para sempre" (Sl 30[29],11-13).

Mensagem de esperança

Não importa o que você viveu, nem os erros que cometeu. Não importam as oportunidades que deixou para trás, nem o que está passando neste momento. Sempre é tempo de acreditar e recomeçar, de perdoar e mudar, de buscar ser feliz.

Deixe que a alegria ocupe seu coração e compartilhe-a com os seus semelhantes. Cultive a esperança diante de novas expectativas, alimente sua espiritualidade e os pensamentos positivos, aplique seus dons e talentos para melhorar a vida de todos ao seu redor, lute para atingir as suas metas e celebre cada conquista.

Sua felicidade só depende de você.

"Que o Deus da esperança vos encha
de toda alegria e paz, em vossa vida de fé.
Assim, vossa esperança transbordará,
pelo poder do Espírito Santo"
(Rm 15,13).

Oração

Deus Pai, enche-me com teu Espírito Santo e concede-me o dom e a graça de ser uma pessoa alegre. Cura e restaura todas as áreas de minha vida que despertam sentimentos de tristeza. Retira da minha mente todas as inseguranças, medos, angústias, enfim, todo sentimento negativo.

Renova e purifica meu coração, libertando-me de todas as amarras que fazem de mim uma pessoa triste. Concede-me a graça de perdoar, servir, amar e agradecer.

Que eu consiga manter o otimismo, mesmo diante das adversidades, e conservar o equilíbrio e caminhar com confiança na certeza de vencer todas as barreiras.

Que eu possa trilhar o caminho da minha vida com alegria e serenidade, sabendo que sou amado por ti. Obrigado, Senhor, por todas as bênçãos que derramas em minha vida, revelando-me o amor. Amém.

"Estarei feliz no Senhor,
cantando a Deus, meu salvador"
(Hab 3,18).

Contexto

Cada pessoa carrega em si uma herança genética e cultural, que determina sua aparência, seu comportamento, seu jeito de ser. No entanto, certos princípios são assimilados pelo subconsciente ao longo da vida, programando nossas atitudes, nossa personalidade e, quando percebemos, estamos agindo e pensando de acordo com o que nos determinam. Mentimos para nós mesmos, julgamos, criticamos, e chegamos a rejeitar nosso próprio modo de ser, porque temos medo de errar, de sofrer, de desapontar a quem amamos, de sermos abandonados ou humilhados.

O problema é que ninguém consegue ser feliz negando a sua essência e, em determinados momentos, é preciso questionar nossas certezas. Conceitos como certo ou errado, capaz ou não capaz, feio ou bonito, e tantos outros precisam ser colocados em dúvida, apesar do conflito que isso possa causar. E, se não temos como modificar o passado, somos capazes de, através de uma mudança no esquema mental, transformar nosso futuro.

Esse é um momento difícil. Contudo, é em nosso interior que começam as transformações. Está em nossas mãos continuar a ser o que os outros esperam ou mudar e viver plenamente, aceitando-nos como somos.

Palavra que orienta

"Vestir-vos do homem novo, criado à imagem de Deus,
na verdadeira justiça e santidade" (Ef 4,24).

Cada um de nós é um ser único, criado por Deus,
com características particulares que nos diferenciam de
todos os outros seres humanos, obra do mesmo Criador.
Mesmo sabendo serem criaturas de Deus, muitas pessoas não se aceitam como são e vivem infelizes.

Aceitar-se é essencial. Para isso, precisamos nos conhecer a fundo, aprendendo a lidar com nossos sentimentos, olhar para dentro de si, sem medo, para desco-
brir-se como pessoa. Alcançaremos, então, a consciência de que na maioria das vezes as coisas que nos ocorrem
são consequências de nossas próprias escolhas e atitudes.

As pessoas que se aceitam e gostam de si mesmas
são confiantes, autênticas e encaram as situações da
vida sem queixas ou lamúrias, sem olhar apenas para
seus defeitos, mas agradecidas por suas qualidades e
capacidades.

O profeta Isaías nos recorda que somos como argila
nas mãos do Pai e que, por suas mãos, todos nós fomos
modelados (cf. Is 64,8). Se ele nos fez como somos,
precisamos nos amar: esse é o primeiro passo para
também amar o próximo.

Mensagem de esperança

Gostaria de convidá-lo a olhar-se atentamente no espelho por um momento. A pessoa que vê reflete um ser único, à imagem e semelhança de Deus. Então, aceite-se, ame-se e agradeça por tudo que você tem de bom. Você é obra do Criador, é o templo de Deus. O Espírito do Senhor habita em seu coração (cf. 1Cor 3,16).

Deus nos deu a liberdade de escolher, e somos o resultado das atitudes e das escolhas que fazemos ao longo da vida. Então, aceite o que não pode mudar e mude o que precisa e pode ser mudado.

Deixe de reclamar e sentir pena de si mesmo. Deixe os sofrimentos no passado e construa um futuro mais feliz. Recupere sua autoestima. Seja grato pela vida que tem. Viva em paz consigo mesmo, com os outros e com Deus.

Oração

Senhor, coloco-me na tua presença e peço perdão pelos momentos de revolta, tristeza e falta de amor-próprio. Mesmo sabendo que sou um ser limitado, tenho dificuldade em aceitar alguns aspectos da minha vida e sofro com os conflitos internos.

Sei que preciso me amar e me aceitar como sou. Então, envia-me o teu Espírito Santo para que, fortalecido na fé, eu possa conformar-me com o que não posso mudar.

Liberta-me de todos os pensamentos negativos acerca de mim mesmo que fui interiorizando ao longo de minha vida. Liberta-me de todo medo que me aprisiona e não me deixa viver e ser feliz. Liberta-me da autocondenação pelo que fiz ou deixei de fazer.

Sei que muitos dos problemas que tenho são frutos de minhas escolhas. Assim, dá-me discernimento para fazer as escolhas certas.

Concede-me, Senhor, a graça de me amar, amar meu irmão e sobretudo te amar e te louvar todos os momentos de minha vida. Amém!

"Senhor, minha alma espera na sua palavra"
(Sl 130[129],5).

Contexto

Para o doutor em psicologia, Nathaniel Branden, "autoestima, seja qual for o nível, é uma experiência íntima, que reside no cerne do nosso ser. É o que eu penso e sinto sobre mim mesmo, não o que o outro pensa e sente sobre mim. Ter baixa autoestima é sentir-se inadequado à vida, errado, não sobre algo específico, mas errado como indivíduo".

Muitas vezes valorizamos mais os outros do que a nós mesmos e sofremos enquanto esperamos a aprovação e o reconhecimento alheio.

A forma como somos tratados reflete o que pensamos e sentimos a respeito de nós mesmos. Se nos sentimos inferiores e incapazes, é assim que seremos vistos, influenciando negativamente nossa vida.

A base da falta de autoestima é o medo do julgamento dos outros. Por isso é importante valorizar-se como pessoa e sentir-se merecedor do respeito e do amor de pais, familiares, amigos, cônjuge, filhos.

Quando temos respeito e amor-próprio, fazemos valer nossas ideias, lutamos por nossas metas profissionais e pessoais, buscamos a felicidade. Sentimo-nos capazes de enfrentar as dificuldades da vida de uma forma tranquila e confiante.

Palavra que orienta

"Amarás teu próximo
como a ti mesmo" (Mt 2,39).

Jesus foi questionado por um doutor da lei, que queria pô-lo à prova: "'Mestre, qual é o maior mandamento?'. Ele respondeu: 'Amarás o Senhor, teu Deus, com todo o teu coração, com toda a tua alma e com todo o teu entendimento!'. Esse é o maior e o primeiro mandamento. O segundo lhe é semelhante: 'Amarás teu próximo como a ti mesmo'. Toda a Lei e os Profetas dependem desses dois mandamentos" (Mt 22,36-40).

Jesus nos dá o critério para a construção de relacionamentos humanos. Somente é capaz de amar o outro quem ama a si mesmo, o que não significa ser egocêntrico, orgulhoso ou achar-se melhor que os outros. A autoestima deve ser baseada na humildade, no respeito por si mesmo e pelos outros.

Na busca frenética por satisfação, muitas pessoas concentram-se no dinheiro, na beleza, ou seja, em padrões humanos, que são superficiais e passageiros. Mas o Evangelho ensina: "Amemo-nos uns aos outros, porque o amor vem de Deus e todo aquele que ama nasceu de Deus e conhece a Deus" (1Jo 4,7).

Mensagem de esperança

Olhando para seu interior, procure responder: Quem é você? Você se ama e se aceita, com suas qualidades e defeitos? Se está bem consigo mesmo, agradeça a Deus Pai e continue assim, mas se algo o incomoda, observe o que é e se pode ser mudado.

A imagem que transmitimos aos outros é reflexo do nosso interior. Se não estamos bem com nós mesmos, isso influencia nossos relacionamentos.

Procure melhorar sua autoestima, respeitando a si mesmo, cultivando o amor-próprio. Busque a autoconfiança, estar de bem com a vida, mas sem ser egoísta. Tenha coragem de ser autêntico, valorizando-se e preservando a harmonia entre o interior e o exterior. Não se menospreze nem se desvalorize.

Procure viver o amor em todas as suas dimensões. Quando nos amamos e amamos os outros, somos os primeiros beneficiados, porque o amor cura, liberta, restaura e nos conduz à plena liberdade.

> "Deus é amor: quem permanece no amor,
> permanece em Deus,
> e Deus permanece nele"
> (1Jo 4,16b).

Oração

Senhor Deus, às vezes sinto meu coração apertado e tenho medo de não ser capaz, de não ser apreciado, de não valer tanto quanto as outras pessoas.

Cura, Senhor, as feridas do meu coração. Restaura minha imagem e renova a minha fé e meu ânimo para enfrentar a vida com confiança e tranquilidade. Dá-me humildade que produz coragem, e retira todo orgulho que dá lugar ao medo.

Capacita-me a aceitar-me como sou e de acordo com a tua vontade. "Cria em mim, ó Deus, um coração puro, renova em mim um espírito resoluto" (Sl 51[50],12). Que eu possa te amar acima de tudo e, sentindo teu amor, possa me amar e amar a todos sem distinção. Concede-me a graça de não me preocupar com o que os outros possam falar ou pensar a meu respeito.

Divino Espírito Santo, por tua graça e misericórdia, abençoa-me com retidão e pureza de coração. Dá-me o discernimento sobre a vontade divina em minha vida e que eu possa me conhecer melhor a cada dia, reconhecendo e aperfeiçoando minhas qualidades para resgatar minha autoestima. Amém!

"Mostra-me, Senhor, os teus caminhos"
(Sl 25[24],4).

Contexto

Constatamos todos os dias, por meio dos noticiários, que o mundo vem passando por grandes turbulências. Guerras, conflitos, disputas, desrespeito à vida e à natureza, discriminações e injustiças que geram violência num círculo sem-fim.

Tudo isso abala nossa paz interior, vivemos inseguros e com medo. O sofrimento e a dor invadem nossa casa, ainda que seja através dos meios de comunicação.

A paz deve começar no coração de cada indivíduo, que se torna colaborador para a paz na família, na sociedade, no mundo. Precisamos buscar o equilíbrio interior, o diálogo, a solidariedade, o respeito aos direitos humanos e à vontade de Deus. E sabemos que estamos no caminho de Deus quando nossa consciência está tranquila, quando seguimos o que Paulo nos diz: "Reine em vossos corações a paz de Cristo, para a qual também fostes chamados em um só corpo. E sede agradecidos" (Cl 3,15).

Palavra que orienta

"Deixo-vos a paz, dou-vos a minha paz.
Não é à maneira do mundo que eu a dou.
Não se perturbe, nem se atemorize
o vosso coração" (Jo 14,27).

O ser humano anseia pela paz, que é dádiva de Deus, concedida através do Espírito Santo. Após a ressurreição, repetidamente Jesus desejou a paz a seus Apóstolos: "A paz esteja convosco" (Jo 20,19; 20,26; Lc 24,36). Esta paz é a que liberta o homem do medo, da desesperança, da incredulidade. É fruto do amor, da justiça e da igualdade. É o que nos permite manter a serenidade diante dos problemas, a esperança em meio ao desânimo.

Esta história nos deixa claro o desejo de Deus: "Certa vez realizou-se um concurso de pinturas cujo tema era a paz. O prêmio caberia ao pintor que melhor retratasse esse conceito. Apresentadas todas as obras, o vencedor foi um artista que retratou uma terrível tormenta. Em meio a ela, porém, sentado no galho de uma árvore açoitada pelo vento via-se um pequeno pássaro com um ar incrivelmente tranquilo".

A paz do Senhor não é a ausência de problemas, mas a certeza de que Deus está conosco apesar dos problemas, que ele é maior que tudo.

Mensagem de esperança

Vivemos em meio a notícias de violência e conflitos, sonhando com o fim das guerras e das injustiças no mundo, mas a pior experiência é a da perda de nossa paz interior.

Quando as tormentas atingem nossa vida, precisamos nos lembrar que em nosso interior estão guardadas as sementes de amor e confiança em Deus, a coragem que nos torna capazes de reverter essas situações.

Tenhamos fé, mesmo quando o vento ameaçar nos derrubar, e caminhemos com firmeza em direção a Deus, procurando fazer em tudo a vontade dele. Assim conseguiremos manter a serenidade, enquanto esperamos a tempestade passar.

Confie ao Pai os problemas que lhe tiram a paz, os obstáculos que lhe impedem de ver a saída. Coloque nas mãos de Deus suas ansiedades. Ele lhe mostrará a solução para o conflito e lhe dará a paz interior que tanto almeja.

Que o amor misericordioso do Pai, a força do Espírito Santo, a paz de Jesus Cristo e a tranquilidade de Maria estejam sempre com você!

Oração

Senhor, coloco diante de ti minha inquietude e abro meu coração para que tu o enches com a tua paz. Liberta-me da angústia e apazigua a tempestade que se abateu sobre a minha vida. Fortalece-me na fé para que diante da tribulação eu possa dizer: "Meu refúgio, minha fortaleza, meu Deus, em quem confio" (Sl 90[89],2b).

Coloco sob tua proteção toda a humanidade que luta e sofre em busca de paz. Entrego aos teus cuidados minha vida para que dirijas os meus passos e que, na hora do repouso eu repita com o salmista: "Em paz, logo que me deito, adormeço, pois só tu, Senhor, me fazes descansar com segurança" (Sl 4,9).

Dá-me, Senhor, a tua luz para construir e viver a paz em meus relacionamentos; dá-me, Senhor, a tua paz para aprender a respeitar a dignidade de cada irmão, acolhendo a todos sem preconceitos; dá-me, Senhor, um coração semelhante ao de Jesus, repleto de paz, misericórdia e compaixão.

Transforma minha angústia em esperança, a descrença em fé, a preocupação em confiança, a agitação em tranquilidade, a tribulação em paz. Amém!

"Senhor, guia nossos passos no caminho da paz"
(Lc 1,79).

Contexto

Parte das dificuldades que temos nos relacionamentos com as pessoas, no trabalho, na igreja, na comunidade, na família ou em qualquer outro lugar, pode ter origem na falta de perdão.

Muitas vezes, guardamos mágoas e ressentimentos por longo tempo, o que só traz sofrimento para todos. O rancor oprime o coração, gera amargura e afeta a saúde física e mental.

Cabe a nós decidirmos entre carregar esse peso ou livrar-nos dele, perdoando a ofensa e trazendo novamente a harmonia para a nossa vida. No momento em que decidimos perdoar, o Espírito Santo começa a agir em nossa vida e nos reaproximamos de Deus.

Também faz mal carregar culpas por nossos erros e omissões. Reconhecida a falta, precisamos entregar nosso pedido de perdão a Deus e aceitar a sua misericórdia.

A falta de perdão é pecado, e o profeta Isaías nos lembra que "foram vossos pecados que esconderam a Divina Face, impedindo-o de escutar" (Is 59,2). Jesus nos manda perdoar "setenta vezes sete vezes", o que significa perdoar sempre que for necessário (Mt 18,22).

Deus nos quer felizes por inteiro, sem qualquer ressentimento.

Palavra que orienta

"Sede bondosos e compassivos,
uns para com os outros, perdoando-vos mutuamente,
como Deus vos perdoou em Cristo" (Ef 4,32).

O primeiro passo que damos em busca da felicidade e da liberdade interior começa ao oferecermos o perdão a quem nos magoou ou ofendeu. Esse é o caminho para a cura espiritual. Ao fazermos isso, não estamos esquecendo o que foi feito, mas sim tomando em consideração que, a partir de então, não guardaremos mais rancor, mágoa e ressentimentos.

Quando não perdoamos, nosso pecado é ainda maior: primeiro, por não estarmos sendo obedientes à ordem de Jesus, que nos manda perdoar sempre; segundo, porque estamos danificando a imagem do amor de Deus que somos chamados a ser.

É difícil compreender que o maior beneficiado com o perdão somos nós mesmos, e é por isso que Jesus Cristo insiste tanto nisso. Tal ato não indica fraqueza ou submissão, mas sim a capacidade de um coração compassivo e sereno, conforme a lei de Deus: "O bom senso acalma a ira; é motivo de glória passar por cima das ofensas" (Pr 19,11).

A falta de perdão é como uma ferida profunda que, se não for tratada, infecciona e toma conta de todo o ser, minando a capacidade de amar e ser amado. É através do perdão e da reconciliação com nós mesmos, com os outros e com Deus que alcançamos a harmonia.

Mensagem de esperança

Perdoar é algo que requer esforço, mas vale a pena! Traz uma grande calma, uma sensação de alívio e desafogo para o coração inquieto e oprimido.

É um processo pelo qual o novo se faz possível na nossa vida e na vida dos outros. É um ato maravilhoso que nos torna pessoas melhores, maduras na fé. É amar apesar de tudo; é a vitória do amor sobre o ódio!

Na verdade, o perdão vem de Deus e é a sua manifestação em nossa vida. Através dele, Deus nos liberta e cura as feridas do nosso coração. Por isso, abra-se à ação do Espírito Santo e acolha com disponibilidade todos os dons, graças e bênçãos que Deus derrama em sua vida.

Perdoe a Deus, a si mesmo e aos outros. Conceda-se a graça de viver em abundância e plenitude! Lembre-se de que "perdoar é o modo mais sublime de crescer; e pedir perdão é o modo mais sublime de se levantar".

Aprenda a perdoar e a pedir perdão sempre e será feliz!

Oração

Pai, sei que tudo pode ser transformado pelo poder da oração. Elevo a ti minha prece e, assim como o salmista, peço-te: "Cria em mim, ó Deus, um coração puro, renova em mim um espírito resoluto" (Sl 51[50],12).

Senhor, tu sabes da minha grande dificuldade em perdoar. Preciso do teu amor e da tua misericórdia. Rogo-te a graça de perdoar a quem me ofendeu, prejudicou e causou uma profunda mágoa (dizer o nome da pessoa). Não quero mais ter ressentimentos e inquietude em meu coração pela falta de perdão.

Também te peço a graça de perdoar a mim mesmo, as minhas faltas, os meus pecados. Que eu possa sentir tua ternura e teu carinho para comigo. Orienta minha vida para o teu amor.

E para finalizar, peço que me conceda a graça de te perdoar. Sei, Pai, que jamais me magoaste, mas, por minha fraqueza e limitação, eu te julguei, achei que tivesses me abandonado, sendo o responsável pelas dificuldades que tenho enfrentado.

Transforma-me, Senhor. Cura-me, Senhor. Restaura-me, Senhor. Ajuda-me a compreender o teu plano e a tua vontade para minha vida.

Abro-me para acolher toda a graça e toda a bênção que vêm de ti. Assim seja!

> "Ó Deus, tem piedade de mim,
> conforme a tua misericórdia"
> (Sl 51[50],3).

Contexto

Fofocar é fazer intriga, semear discórdias, falar da vida dos outros. O fofoqueiro destila maldade, destrói a imagem das pessoas, prejudica relacionamentos, cria discórdia na família ou no ambiente de trabalho.

Mesmo que seja em tom de brincadeira, uma fofoca nunca é inofensiva. Para entendermos bem suas consequências, é simples: basta jogar ao vento um saco de penas e depois tentar juntar todas. É impossível. O mesmo acontece com a fofoca: depois de feito o comentário ou revelado o segredo, nunca mais será possível recolher as palavras.

A pessoa sofre, enquanto sua integridade é colocada em dúvida e sua intimidade é invadida.

A fofoca machuca e é considerada pecado. O salmista retrata bem quem fala da vida alheia, quando diz: "A boca dele está cheia de maldição, de fraude e de usura, debaixo de sua língua está opressão e iniquidade" (Sl [10]9Bb,28). Por isso, é essencial que ponderemos nossas atitudes e façamos um exame de consciência. Que tenhamos a capacidade de frear nossa língua quando vier a vontade de comentar sobre a vida dos outros.

Palavra que orienta

"Quem guarda a sua boca e sua língua
preserva das angústias sua alma" (Pr 21,23).

"Todos nós tropeçamos em muitas coisas. Aquele que não peca no uso da língua é um homem perfeito, capaz de refrear também o corpo todo" (Tg 3,2).

Podemos fazer com que a nossa língua seja um instrumento de destruição ou de bênçãos para nós e para os outros. "O que torna alguém impuro não é o que entra pela boca, mas o que sai da boca, isso é que o torna impuro" (Mt 15,11).

É perigoso nos envolvermos em conversas destrutivas e maledicências, pois o fofoqueiro fala dos outros e acabará falando de nós. O melhor é nos mantermos afastados, com grandeza de espírito e sabedoria.

Na dúvida, antes de falar qualquer coisa, usar o método das "três peneiras": a da verdade (é um fato?); a da bondade (é algo bom e edificante?); e a da necessidade (convém contar, ajuda alguém?). Se não passar por esse exame, é melhor esquecer.

"De fato, quem quer amar a vida
e ver dias felizes, guarde a sua língua
do mal e seus lábios de falar mentira"
(1Pd 3,10).

Mensagem de esperança

A fofoca muitas vezes tem como raiz a inveja de alguém, por isso é bom se resguardar, evitar as pessoas intrometidas e dominar o impulso de passar informações adiante. Um cristão maduro sabe como governar-se.

A primeira reação a uma fofoca costuma ser o desejo de vingança. Entretanto, a precipitação pode dar ainda mais crédito ao fofoqueiro. É melhor esperar o momento certo de expor o próprio ponto de vista, na certeza de que a verdade sempre prevalecerá.

Deus ensina: "Ouviste algo contra o próximo? Guarda-o contigo, e tem certeza de que guardá-lo não te arrebentará. Corrige o amigo que talvez tenha feito o mal e diz que não fez, e se o fez, para que não torne a fazê-lo. Corrige o próximo, que talvez tenha dito algo inconveniente; e se o disse, para que não o repita. Sonda o amigo, pois muitas vezes se faz incriminação sem provas, para que não acredites em qualquer palavra. Há quem falhe na língua, mas não intencionalmente: pois quem há que não tenha pecado com a língua? Indaga o próximo, antes de ameaçá-lo, e deixa a Lei do Altíssimo seguir o seu curso" (Eclo 19,10.13-17).

Oração

Senhor, sei que tenho muitos pecados, entre eles a consciência de que muitas vezes tomei parte em fofocas. Se colaborei, conscientemente ou não, para prejudicar alguém, perdoa-me e abençoa a pessoa que feri.

Ouve a oração deste teu filho que está sendo vítima de fofocas e sofre pelos comentários maldosos e maledicências infundadas. Envia teus anjos para me protegerem e me livrarem de todas as ciladas do mal. E que toda palavra infundada proferida a meu respeito caia por terra. Afasta de mim, de minha família, de meu trabalho, de minha vida todo tipo de fofoca.

Peço a graça de perdoar todos aqueles que de uma forma ou de outra me prejudicaram com palavras, gestos e atitudes. Que eles sejam transformados pela tua graça, Senhor! Fortalece-me, Senhor, e concede-me serenidade para que eu não busque a vingança, mas sim use de misericórdia.

Espírito Santo de Deus, sê meu auxílio e liberta-me das fofocas. Amém!

"Senhor, meu refúgio,
minha fortaleza"
(Sl 91[90],2).

Contexto

A fraqueza a que iremos nos referir aqui diz respeito às fragilidades humanas, que se evidenciam quando é preciso enfrentar situações adversas, sobre as quais não se tem controle, e fica claro o quanto somos limitados.

Na verdade, temos inúmeras imperfeições de ordem emocional, física, espiritual e intelectual. Geralmente negamos esses defeitos, tentando desculpá-los ou escondê-los, mas isso impede a ação de Deus, que tem uma perspectiva diferente diante de nossas fraquezas: "O que para o mundo é loucura, Deus o escolheu para envergonhar os sábios, e o que para o mundo é fraqueza, Deus o escolheu para envergonhar o que é forte" (1Cor 1,27).

Convém, então, rever nossas atitudes e buscar nossa fortaleza na misericórdia divina. Quanto mais conscientes estivermos de nossa pequenez, mais Deus revelará sua grandeza, vindo em nosso socorro.

As fraquezas humanas não existem por acaso ou por acidente. Deus as permite deliberadamente em nossa vida, a fim de demonstrar o seu poder por meio de nós. Ele não fica impressionado com a autossuficiência e com a força. Prefere quando reconhecemos as nossas necessidades, quando admitimos que somos "fracos".

Palavra que orienta

"'Basta-te a minha graça;
pois é na fraqueza que a força se realiza plenamente'.
Por isso, de bom grado, me gloriarei das minhas fraquezas,
para que a força de Cristo habite em mim" (2Cor 12,9).

Embora seja difícil aceitar, as fraquezas humanas são necessárias para que Deus se manifeste em nossa vida. O Apóstolo Paulo, por exemplo, mudou o rumo de sua vida após encontrar-se com Deus. Passou, então, de perseguidor a perseguido e adquiriu plena consciência de que sua força vinha do Senhor: "Me comprazo nas fraquezas, nos insultos, nas dificuldades, nas perseguições e nas angústias por causa de Cristo. Pois, quando sou fraco, então sou forte" (2Cor 12,10) e "Tudo posso naquele que me dá força!" (Fl 4,13).

Deus age quando desaparece o orgulho e a prepotência do ser humano. Ele espera que nos "aproximemos-nos então, seguros e confiantes, do trono da graça, para conseguirmos misericórdia e alcançarmos a graça do auxílio no momento oportuno" (Hb 4,16).

Esse é o nosso Deus: um Deus-Amor, um Deus-Misericórdia, que usa nossas fragilidades para nos fortalecer e lembrar que somos dependentes dele. É o que nos ensina Jesus Cristo em João 15,5: "Sem mim, nada podeis fazer", e São Félix reforça essa mensagem dizendo: "Com Cristo, uma teia de aranha torna-se fortaleza: sem Cristo, a fortaleza é apenas uma teia de aranha".

FRAQUEZA HUMANA

Mensagem de esperança

Se as coisas estão difíceis e você está se sentindo fragilizado diante de determinado acontecimento, lembre-se de que Deus está cuidando de você, mesmo que não perceba, "hoje e sempre está se renovando sua grande fidelidade" (Lm 3,23).

Faça uma autoanálise e procure compreender suas fraquezas e admiti-las. Será mais fácil, se aceitar suas limitações com humildade, gloriando-se dos seus pontos fracos, como fez o apóstolo Paulo ao dizer: "Quanto a esse homem, eu me gloriarei, mas, quanto a mim mesmo, não me gloriarei, a não ser das minhas fraquezas" (2Cor 12,5).

Bento XVI nos recorda que "a escola da fé não é uma marcha triunfal, mas um caminho salpicado de sofrimentos e de amor, de provas e fidelidade que é preciso renovar todos os dias".

Diariamente peça a Deus que lhe conceda a virtude da fortaleza, pois assim adquirirá capacidade de viver o amor pela fé e estará preparado para enfrentar as situações novas, na certeza de que Deus é a sua força (cf. Ex 15,2).

Oração

Senhor, sei que sou fraco e pecador, quero neste momento reconhecer minhas fragilidades (apresente a Deus suas fragilidades), para provar da tua misericórdia.

Senhor Jesus, tu és o Deus Vivo e Ressuscitado e sentiste na pele as fragilidades humanas, por isso te peço: ajuda-me a não cair num abismo sem fim. Através de ti se manifesta a força e o poder do Deus Altíssimo, e é em teu nome que rogo ao Pai para que minha vida seja restaurada. Quero ser fortalecido no Espírito Santo, sendo renovado todos os dias.

Sou incapaz de me salvar sozinho, de ir ao encontro de Deus, mas tenho certeza de que ele vem ao meu encontro e opera maravilhas na minha vida, por isso peço que "o Espírito Santo venha em auxílio à minha fraqueza, porque não sei o que devo pedir, nem orar como convém" (Rm 8,26a).

O Senhor é a minha força e o objeto do meu cântico; foi ele quem me salvou. Ele é o meu Deus, eu o celebrarei; o Deus de meu pai, eu exaltarei (cf. Ex 15,2). Amém!

> "O Senhor é minha rocha,
> minha fortaleza e meu salvador"
> (2Sm 22,2).

Contexto

Se analisarmos com seriedade os males pelos quais atravessa a humanidade, chegaremos à conclusão de que o maior problema é a falta de fé.

Analisemos como anda a nossa fé, através de uma história que circula pelos meios de comunicação: "Conta-se que um alpinista, desesperado por glória, iniciou a escalada de uma altíssima montanha e, em determinado ponto, a apenas poucos metros do topo, escorregou e precipitou-se pelos ares, caindo a uma velocidade vertiginosa. Durante a queda, ele sentia a terrível sensação de estar sendo sugado pela gravidade até que a corda na qual estava amarrado o segurou suspenso no ar. Machucado e sem forças para mais nada, ele gritou: 'Meu Deus, me ajuda!'. De repente, ouviu uma voz vinda dos céus: 'Realmente crês que eu posso salvá-lo?'. Ele respondeu: 'Com toda a certeza, Senhor!'. 'Então corta a corda na qual estás amarrado.' O alpinista agarrou-se ainda mais fortemente à corda e ouviu então a voz perguntar: 'Por que duvidas?'. 'Mas Senhor...' 'Se creres, verás a glória de Deus... Corta a corda!' Quando a equipe de resgate encontrou o alpinista, ele estava morto, congelado pelo frio, com as mãos agarradas fortemente à corda, a apenas dois metros do solo".

Palavra que orienta

"Esta é a vitória que venceu o mundo:
a nossa fé" (1Jo 5,4).

"A fé é a certeza daquilo que ainda se espera, a demonstração de realidades que não se veem" (Hb 11,1), o elo de ligação entre o ser humano e Deus.

A vitória sobre as adversidades que enfrentamos todos os dias vem pela fé. Jesus realizava milagres quando as pessoas expressavam fé no seu poder. Aos cegos que pediram a Jesus que os curasse, ele disse: "Faça-se conforme a vossa fé" (Mt 9,29). Ao estrangeiro que voltou para agradecer após ter sido curado, disse: "Levanta-te e vai! Tua fé te salvou" (Lc 17,19). Para a mulher que sofria de hemorragia, ele falou: "Coragem, filha! A tua fé te salvou" (Mt 9,22). E hoje continua a falar: "Não se perturbe o vosso coração! Crede em Deus, crede também em mim" (Jo 14,1); "Tudo é possível para quem crê" (Mc 9,23b).

A fé é um dom que precisa ser desenvolvido. Está alicerçada no conhecimento e na vivência da Palavra de Deus. Outros meios de desenvolvê-la é através da oração e da comunhão com os irmãos, assim como a vivência dos sacramentos.

Para Leon Tolstoi, escritor russo, "a fé é a força da vida". Quem a tem verdadeiramente é capaz de "mover montanhas" (cf. Mt 17,12). Ter fé é crer em Deus Pai, Filho e Espírito Santo. Crer de coração, sem qualquer sombra de dúvidas, aceitando seus ensinamentos e praticando-os, caminhando dia a dia em busca da santidade.

Mensagem de esperança

A crise de fé é responsável por sofrimentos, desânimo, ansiedades, tristezas, vazio interior... O apego ao materialismo, ao qual nos impulsiona a atual conjuntura, nos faz deixar de lado a vivência da nossa espiritualidade, que é o que nos fortalece na fé. Deixamos, assim, de acreditar no amor, na solidariedade, na misericórdia. Deixamos, portanto, de acreditar em Deus, pois Deus é amor.

A fé nos foi dada por Deus como um presente a ser cuidado. Devemos alimentá-la com a Palavra de Deus, para que ela cresça e esteja fortalecida quando as dificuldades surgirem. Ela nos capacita a realizarmos coisas grandiosas e abre nossos olhos para compreendermos os mistérios de Deus e do ser humano.

Quanto mais amadurecemos na fé, mais nos assemelhamos a Jesus, procurando fazer a sua vontade. Por isso, diante dos problemas, afaste os pensamentos melancólicos e cultive a fé, caminhando com segurança, rumo à casa do Pai.

Quando tudo parecer perdido, busque o socorro do alto. Entregue-se aos cuidados de Deus. Ore e confie na Providência Divina! Ele o ama e tem cuidado de você dia e noite sem cessar!

INCREDULIDADE

Oração

Senhor Deus, coloco-me na tua presença neste momento em que passo por uma crise de fé. Meu coração está como um deserto e não vejo "fonte de água viva" que é Jesus. Minha alma está angustiada e o medo toma conta de meus pensamentos.

Perdoa-me, Senhor, por teimar e querer vencer com minhas próprias forças. Dá-me a graça de confiar no teu amor por mim, socorre-me em minha fraqueza. Faço minhas as palavras dos discípulos: aumenta minha fé! (cf. Lc 17,5).

Senhor Jesus, aos olhos humanos meu problema parece não ter solução, mas para ti nada é impossível. Jesus amado, ensina-me a vencer as tribulações, fortalece-me para que eu nada tema, pois o Senhor é meu Pastor e nada irá me faltar. Mestre, dá-me confiança e, quando eu vacilar, conduz-me pela mão.

Senhor, sei que me amas, apesar dos meus pecados, por isso, dá-me um coração agraciado, capaz de te amar sobre todas as coisas.

Rogo também por todos aqueles que, como eu, sofrem por não crer suficientemente em ti.

Divino Espírito Santo, dá-me discernimento, força e sabedoria. Dá-me a graça de suportar tudo com paciência e renova-me no amor. Concede-me o dom da fé! Amém.

> "Senhor, aumenta a nossa fé!"
> (Lc 17,5).

Contexto

"A injustiça desanima o trabalho, a honestidade, o bem; [...] semeia no coração das gerações que vêm nascendo a semente da podridão, habitua os homens a não acreditar senão na estrela, na fortuna, no acaso, na loteria da sorte, promove a desonestidade, promove a venalidade [...]" (Rui Barbosa).

Nos dicionários, diz-se que a injustiça é a violação do direito de alguém, a ausência de justiça, a impunidade para os que burlam a lei, a ética, a moral. Também é injusto quem deixa a injustiça se perpetuar, sem agir contra ela.

Embora nem sempre seja simples estabelecer o que é justo ou não, já que a linha que separa essas situações é tênue, há casos inequívocos de injustiça: a apropriação desonesta do que pertence a outra pessoa, a corrupção, a ganância, a condenação de inocentes, a falta de verdade, de amor e de misericórdia, cujos frutos são a opressão, a marginalização, a exclusão, a desigualdade social.

Se está passando por uma situação que considera injusta, busque em Deus força e coragem para superá-la. Deus nos convida a pregar a justiça, recusando a injustiça.

Palavra que orienta

"Ao mesmo tempo revela-se, lá do céu, a ira de Deus
contra toda impiedade e injustiça humana,
daqueles que por sua injustiça reprimem a verdade"
(Rm 1,18).

Segundo a Bíblia, injustiça é tudo o que se revela contrário aos ensinamentos de Deus. "Aquele que absolve o ímpio e o que condena o justo, ambos são abomináveis diante do Senhor" (Pr 17,15). Jesus ensina: "Não julgueis pela aparência; julgai de acordo com a justiça" (Jo 7,24).

Ninguém é infalível e todos estamos sujeitos a cometer uma injustiça. Quando o cristão pratica esse tipo de atitude, ele não descansa enquanto não reparar o erro, pois este é o único caminho para retornar ao convívio com Deus, através do perdão e da reconciliação.

Quando nos sentirmos injustiçados e não pudermos fazer nada para mudar a situação, o melhor é confiar em Deus e na justiça divina. Deus, que ama o pecador, mas condena o pecado, mostra-nos sua ira contra as práticas injustas.

O livro do Deuteronômio 32,4 relata que Deus trata seus filhos com absoluta justiça: "Ele é o rochedo, perfeita é a sua obra, justos, todos os seus caminhos; é Deus de lealdade, não de iniquidade, ele é justo, ele é reto".

Mensagem de esperança

Cada manhã é um novo começo, que nos dá a oportunidade de fazer novas escolhas.

Se você está sofrendo pela injustiça cometida por alguém, lembre-se do que disse Jesus: "Felizes os perseguidos por causa da justiça, porque deles é o Reino dos Céus!" (Mt 5,10). Não caia na tentação de querer "fazer justiça", com as próprias mãos. Ainda que ninguém mais lhe dê atenção, Deus, o "Senhor da Justiça", não o deixará sozinho e promete: "Quem cometer injustiça receberá a paga devida" (Cl 3,25).

É importante lembrar que: "Aquele que se encoleriza não é capaz de realizar a justiça de Deus" (Tg 1,20).

Com Deus em seu coração e a ação do Espírito Santo em sua vida, você conseguirá manter-se longe das pessoas que têm a tendência de cometer injustiças, e mesmo que elas tentem, não terão êxito sobre você.

Oração

Senhor Deus, de todas as calamidades que afligem a humanidade, a injustiça é uma das que mais dói.

Olha pelos governantes, para que eles entendam a tua mensagem de fraternidade e busquem tua paz, eliminando qualquer tipo de injustiça social, econômica e política. Coloco em tuas mãos todas as pessoas que não têm condições dignas e segurança para viver.

Perdoa-me, Senhor, por todas as injustiças que cometi, consciente ou inconscientemente, e peço a graça de ser uma pessoa íntegra em todas as minhas atitudes.

Com fé nas tuas promessas, entrego em tuas mãos a situação pela qual estou passando (apresente para Deus as injustiças cometidas contra você).

Senhor, meu entendimento humano é limitado e não quero agir por minha conta, por isso, espero pela tua justiça, que é Divina e no tempo certo ocorrerá.

Concede-me o dom de dizer sempre a verdade, tendo em meu coração os mesmos sentimentos de Jesus e sentindo a alegria de ser justo (cf. Pr 21,15). Amém!

> "Senhor, guia-me na tua justiça,
> por causa dos meus inimigos"
> (Sl 5,9).

Contexto

A inveja é um dos sete pecados capitais e pode ser definida como "um desejo incontrolável de possuir o que é do outro". Ela está presente em muitas situações do cotidiano, permeando as relações familiares, sociais e profissionais.

Há quem confunda inveja com ciúme, mas este sentimento está relacionado ao desejo de exclusividade sobre o outro, por medo de perdê-lo. Já o invejoso compara sua vida com a da outra pessoa e sente-se inferiorizado por não ter os mesmos atributos, não possuir os seus bens, não estar naquela posição social ou profissional.

É um sentimento mesquinho, muito estimulado pela sociedade consumista em que vivemos, e talvez por isso seja tão difícil para as pessoas assumirem que o tem. Vale lembrar o que Paulo escreveu aos gálatas: "Não busquemos vanglória, provocando-nos ou invejando-nos uns aos outros" (Gl 5,26).

Palavra que orienta

"Coração bondoso é vida para o corpo,
enquanto a inveja é cárie nos ossos" (Pr 14,30).

A Bíblia nos relata o primeiro homicídio da história, que teve como causa a inveja: Caim matou Abel, porque invejou a felicidade que viu no rosto do irmão, quando Deus se agradou com o sacrifício que ele lhe entregara.

Jesus foi entregue pelos sumos sacerdotes a Pilatos por inveja (cf. Mc 15,10), e Santo Agostinho via na inveja o "pecado diabólico por excelência". São Gregório Magno afirmava que "da inveja nascem o ódio, a maledicência, a calúnia, a alegria causada pela desgraça do próximo e o desprazer causado por sua prosperidade".

Deus nos alerta: "De fato, a raiva mata o insensato e a inveja acaba com o imbecil" (Jó 5,2). Não devemos nos deixar contaminar com a inveja, mas, sim, seguir o conselho de Paulo aos Filipenses: "Quanto ao mais, irmãos, ocupai-vos com tudo o que é verdadeiro, digno de respeito ou justo, puro, amável ou honroso, com tudo o que é virtude ou louvável" (Fl 4,8).

É natural espelhar-se em outra pessoa, sobretudo nas suas virtudes, mas devemos viver de acordo com nossas possibilidades, buscando o nosso próprio sucesso.

Mensagem de esperança

Somos orientados por Deus a não cultivar as provocações nem a inveja entre nós (cf. Gl 5,26b). Procure não se contaminar nem permitir que ela destrua sua vida. Não deseje possuir, ser ou estar na mesma posição do outro.

Conquiste uma vida melhor com humildade e sem ganância. Busque a prosperidade, com justiça e com esforço próprio, aprenda com o exemplo dos outros e, sobretudo, com o exemplo de Jesus.

Dedique tempo à oração e eleve seu coração a Deus.

Renuncie à inveja, arrependa-se e reconheça a necessidade da cura interior. Alegre-se com as conquistas dos outros. Seja grato por tudo que possui, louvando e bendizendo a Deus sem cessar.

A luta contra o sentimento da inveja é diária e, quando ela é eliminada, a paz é restaurada em seu coração.

Oração

Senhor, sou pecador, tenho em meu coração sentimentos de inveja, que me tem causado sofrimento e que também prejudica àqueles a quem tenho invejado, por isso, peço-te que me ajude a combatê-la.

Ajuda-me a aceitar-me como sou e capacita-me a buscar o crescimento com meu próprio trabalho, desenvolvendo diariamente as bênçãos com que me agraciastes. Concede-me os dons do arrependimento e do desprendimento. Dá-me um coração semelhante ao teu, que ame indistintamente e queira o bem de todos.

Envia teus anjos, Senhor, para proteger-me desse sentimento nocivo para a alma e, com a intercessão de Maria, dá-me a graça de ser agradecido pelo que tenho e sou, não desejando o que pertence aos outros. Que eu possa amar e me alegrar com o sucesso e a prosperidade de meus semelhantes.

Obrigado, Senhor, por tudo que me tens concedido, por teu amor e por tua misericórdia, por me curar e me libertar de todo tipo de inveja! Amém!

> "Se, pois, o Filho vos libertar,
> sereis verdadeiramente livres"
> (Jo 8,36).

Contexto

É comum as pessoas evitarem pensar e até mesmo falar da morte. Como consequência, também não aprendemos a lidar com a situação. Contudo, mais cedo ou mais tarde todos nós passamos pela dolorosa experiência de perder alguém querido.

O luto é um processo e gera um conjunto de sentimentos que precisam ser vividos. Em primeiro lugar é preciso aceitar que a pessoa não estará mais fisicamente ao nosso lado e isso dói. É natural sentir raiva, tristeza, saudade e até mesmo remorso ou culpa, por aquilo que fizeram, falaram ou não. Por isso é bom chorar, deixar as emoções fluírem, até que o tempo cure a dor e as lembranças sejam como um bálsamo que ameniza a perda.

Se você não está conseguindo superar a perda de quem ama sozinho, procure ajuda de parentes, amigos e até ajuda profissional. Partilhando sua dor ela aos poucos diminui até que seja possível retomar a normalidade de sua vida.

Diante da morte, as lembranças devem ser eternas, mas o sofrimento não.

Palavra que orienta

"Eu sou a ressurreição e a vida. Quem crê em mim,
ainda que tenha morrido, viverá.
E todo aquele que vive e crê em mim,
não morrerá jamais. Crês nisto?" (Jo 11,25-26).

Diante da imensa dor que é a perda de uma pessoa que amamos, a Palavra de Deus nos conforta e nos enche de esperança. "Chora amargamente, faze a lamentação e observa o luto, segundo ele merece, durante um dia ou dois, [...] e depois consola-te da tristeza" (Eclo 38,16-18). Jesus afirma: "Eu sou a ressurreição e a vida. Quem crê em mim, ainda que tenha morrido viverá" (Jo 11,25).

Jesus passou pela experiência da morte e a venceu. O mesmo acontecerá aos que nele creem. Confiante no plano de amor de Deus Pai, Maria sentiu a tristeza de perder seu filho, mas manteve-se firme ao pé da cruz. Depois, foi retomando aos poucos sua vida, colocando-se ao lado dos apóstolos (At 1,12-14).

A vida nos é dada por Deus e é ele que nos chama de volta a si quando chega a nossa hora. Devemos, então, aproveitar o tempo de graça e misericórdia de Deus para buscarmos a salvação, preparando-nos espiritualmente para a morte.

Mensagem de esperança

Maria sabe o que você está sentindo agora, então peça a intercessão dela para que Deus alivie a sua dor.

Recolha-se, chore, sinta a dor da perda da pessoa que lhe era querida. Permita-se sentir saudade do que viveram juntos. Compartilhe seus sentimentos com pessoas de sua confiança. Não descuide de si mesmo e evite a depressão. Guarde momentos para a oração, que fortalece o espírito e ajuda a compreender a vida.

Reze também pela pessoa que partiu e recomende-a a Jesus. Conscientize-se de que Deus está no controle de tudo, e que ele não deseja o nosso sofrimento. Ainda que não entendamos os seus desígnios, ele quer a nossa felicidade.

Somente o tempo é capaz de reparar a dor da perda. Mas, apesar da imensa tristeza que sente neste momento, você não está sozinho. Muitos já passaram por isso e, no entanto, foram fortalecidos pelo poder de Deus (cf. Ef 6,10).

Oração

Senhor, vem e cura essa saudade que me aperta no peito. Cura a falta que (dizer o nome da pessoa) está fazendo em minha vida. Ajuda-me a ser forte e com fé superar este momento difícil. Liberta-me deste sentimento de perda, afasta de mim a solidão e preenche com teu amor o vazio que sinto.

Senhor Jesus, devolve-me a confiança e a esperança na vida eterna. Que eu possa ver na morte a passagem para a morada eterna que preparaste aos que te amam e te seguem e que um dia estarão contigo na casa do Pai (Jo 14,2-3).

Espírito Santo de Deus, tu que és o sopro da vida, ajuda-me a viver com serenidade esta etapa de minha vida. Restaura meu coração e liberta-me do sofrimento. Ajuda-me a superar a dor, e que a saudade se torne uma singela lembrança.

Senhor, ouve esta minha prece e sê misericordioso para com este teu filho que chamaste para junto de ti. Dá-lhe o descanso eterno. Amém!

> "O Senhor é minha rocha,
> minha fortaleza e meu salvador"
> (2Sm 22,2).

Contexto

Nossa vida está continuamente sujeita a mudanças, que vão desde as situações mais corriqueiras do dia a dia até as grandes decisões que precisamos tomar. Em todas elas há algum nível de risco que dispara um sinal de alerta. Esse sinal é o medo, que nos previne para reagir em caso de necessidade.

O medo, nessas condições, é positivo e natural. Mas quando se torna patológico, nos paralisa e não nos permite ser o que realmente somos, precisamos da ajuda de profissional.

Ao longo de nossa existência vamos desenvolvendo vários tipos de medo, seja por alguma perturbação sofrida ou por influência de terceiros. Na maior parte das vezes, é algo que acontece apenas na imaginação, mas ainda assim nos impede de viver plenamente.

Há o medo de altura, de voar de avião, de usar elevador, do fogo, de barata, de ficar sozinho, de tentar algo e não dar certo, de ser rejeitado, de ficar doente, de morrer. Se você sente um medo incontrolável de alguma coisa, tente descobrir de onde ele surgiu, se é real ou imaginário. Elimine os padrões negativos de seu subconsciente e liberte-se de tudo que o esteja atemorizando.

Palavra que orienta

"Isso, porque eu sou o Senhor,
o teu Deus, eu te pego pela mão e digo:
'Não temas, que eu te ajudarei'" (Is 41,13).

Deus é tolerante para com o nosso sentimento de medo, mas não quer que vivamos dominados por ele; não quer nos ver sofrendo por medo, porque assim nos fechamos em nós mesmos. O amor ao contrário, nos abre para o próximo e encoraja a enfrentar qualquer perigo.

O evangelista João diz: "O perfeito amor lança fora o medo" (1Jo 4,18b) e Paulo escreveu para Timóteo, dizendo: "Pois Deus não nos deu um espírito de covardia, mas de força, de amor e de moderação" (2Tm 1,7).

Jesus disse aos apóstolos, quando eles estavam com medo: "Coragem. Sou eu. Não tenhais medo!" (Mt 14,27). Se a nossa confiança está abalada, é porque estamos fraquejando na fé. E se a perdemos, somos levados por qualquer vendaval.

Peça a Deus coragem para vencer todas as dificuldades, em especial a batalha interior contra o medo. Leia o primeiro livro de Samuel, capítulo 17, e encontrará o relato da batalha interna de Davi para vencer o medo, antes do seu encontro com Golias.

Mensagem de esperança

Coragem não significa ausência de medo, e sim a firmeza de enfrentar o perigo. Mesmo que se sinta amedrontado, procure enfrentar as situações lembrando-se de que é o próprio Deus, através de sua Palavra, que nos convida a confiar e agir: "Quem confia no Senhor é como o monte Sião: não vacila, está firme para sempre" (Sl 125[124],1).

Reconheça seus medos e aceite os desafios com coragem. Mantenha os olhos fixos em Jesus e lembre-se de Pedro: enquanto ele manteve os olhos fixos no Senhor, caminhou sobre as águas, mas bastou desviar a atenção para começar a afundar (cf. Mt 14,30).

Siga com segurança e experimente a paz que excede todo o entendimento. Mesmo diante de grandes turbulências, usufrua da maravilhosa liberdade de ser filho amado de Deus!

"Sede fortes e corajosos.
Não tenhais medo nem vos assusteis"
(2Cr 32,7).

Oração

Senhor, tu conheces minhas limitações e sabes dos medos que trago em meu coração. Sinto-me preso a temores e não tenho coragem de enfrentar algumas situações nem de tomar decisões. Estou aprisionado pela falta de coragem e peço humildemente que me libertes do medo, restituindo-me a fé e a coragem.

Senhor Jesus Cristo, não permitas que eu afunde diante das dificuldades. Quero ter os olhos fixos em ti e seguir ouvindo sempre tuas palavras: "Não temas, sou eu!". Que eu possa sentir tua presença em todos os momentos de minha vida. Pelo poder do teu nome poderosíssimo, põe um fim agora em todas as formas de medo que trago comigo. Na autoridade do teu nome, renuncio ao medo (apresente para Deus seus medos).

Divino Espírito Santo, sei que não há medo no amor. Que teu perfeito amor encha minha vida, para que toda espécie de temor deixe de existir. Trindade Santa, dá-me coragem para vencer todas as dificuldades. Dá-me a graça de viver confiante na misericórdia e na Providência Divina.

Senhor, louvo e agradeço por estares me libertando. Amém!

"Coragem! Sou eu. Não tenhais medo!"
(Mt 14,27).

Contexto

Há pessoas que vivem queixando-se da vida, constantemente murmurando. São pessimistas, desanimadas, sempre esperando que o pior aconteça. Além de não conseguir ver o lado bom das coisas, ainda acabam contaminando o ambiente e quem está à sua volta.

Essa atitude influencia também o subconsciente delas, que termina "acatando" seus "desejos", e realmente se concretizando.

Esse estado de espírito reflete o que está dentro da pessoa e pode ter se originado por experiências vividas, desenvolvendo uma tendência a julgar tudo pelo seu aspecto mais desfavorável. Isso reflete a falta de fé, a ausência da alegria que a confiança em Deus transmite.

Embora não esteja ao nosso alcance mudar o mundo, podemos ter uma atitude positiva, começando a mudança por nós mesmos.

Palavra que orienta

"Fixa teu pensamento nos preceitos de Deus
e sê muito assíduo nos seus mandamentos"
(Eclo 6,37).

Muito fala-se sobre os benefícios do pensamento positivo, e estudos revelam que nosso subconsciente obedece à qualidade daquilo que nos vai pela mente.

O apóstolo Paulo recomendava: "Irmãos, ocupai-vos com tudo o que é verdadeiro, digno de respeito ou justo, puro, amável ou honroso, com tudo o que é virtude ou louvável" (Fl 4,8).

Devemos pensar da mesma forma que Jesus, confiando nos planos de Deus. Jesus passou por muitas dificuldades: quando nasceu, não teve um lugar digno para recebê-lo; muitos não aceitaram suas ideias, não entenderam sua proposta para a implantação do Reino de Deus em nosso meio; sofreu acusações infundadas; foi traído por um de seus companheiros e mesmo assim ele se manteve firme, fiel à sua missão e aos planos de Deus Pai.

Se Jesus, que é Deus, passou por tudo isso, quem somos nós para nos acovardar, para reclamar? Deus está acima das tribulações e caminha ao nosso lado.

Viver positivamente e feliz é valorizar nosso relacionamento com Deus e com os outros.

Mensagem de esperança

Conversa negativa é contagiosa e bloqueia a fé. Não permita que o negativismo domine seus pensamentos, não se torne prisioneiro dos acontecimentos ruins. Levante-se, enfrente o problema e procure pelo lado bom, que sempre existe. No mínimo você pode aprender algo e sair fortalecido da experiência.

Aja positivamente e lute, através de seu trabalho, para que seus sonhos se tornem realidade. Diante das dificuldades, persevere e busque o crescimento interior.

Não se deixe abater pelo desânimo. Recomece, se for necessário.

Afaste a descrença e viva com otimismo. Acredite em seu potencial, mas sobretudo acredite em Deus. Permita que ele guie seu caminho.

Oração

Senhor, quero neste instante colocar em tuas mãos as experiências negativas que vivi e que estão guardadas em meu subconsciente.

Em muitos momentos o pessimismo toma conta de mim e, sem forças, deixo de buscar a concretização de meus ideais. Afasta de mim todos os pensamentos negativos. Que eu encontre em tua Palavra forças para combatê-los, fixando-me em teus preceitos.

Ajuda-me, Senhor, a ser uma pessoa cada dia melhor. Que eu não seja um poço de lamentações. Que eu deixe transparecer o amor e a fé que tenho em ti, através de palavras e ações.

Que o Espírito Santo mova o meu coração, para que de minha mente e de meus lábios só saiam coisas boas e positivas. Quero exercitar-me diariamente para falar só palavras de amor, esperança e encorajamento.

Senhor, ajuda-me a vencer o pessimismo, vendo o lado bom das coisas.

Louvado sejas, meu Senhor, hoje e sempre. Amém!

"Senhor, alivia as angústias do meu coração,
livra-me das aflições"
(Sl 25[24],17).

Contexto

O preconceito parece não existir, mas, no entanto, existe, e se manifesta de forma velada, discreta, o que acaba dificultando que seja vencido.

Para falar de preconceito é necessário levar em conta os "conceitos" de uma pessoa. A opinião sobre determinada coisa ou pessoa origina-se no campo das ideias, opiniões e juízos. O preconceito, no entanto, é um conceito antecipado e sem fundamento, uma opinião formada sem ponderação. São imagens distorcidas, construídas antes de se obter todas as informações necessárias, podendo ter origem em experiências negativas ou nos valores transmitidos por familiares ou grupos do qual a pessoa faz parte.

Nessa definição podem ser elencados os preconceitos étnicos, culturais, educacionais, econômicos, religiosos, profissionais. Há quem cultive sentimentos negativos também em relação a mendigos, a crianças de rua, a homens ou mulheres, a pessoas de determinada faixa etária ou constituição física.

Albert Einstein fez referência ao preconceito nestes termos: "Triste época! É mais fácil desintegrar um átomo do que um preconceito". Deus, porém, nos dá a chave para lutarmos contra todo tipo de preconceito.

Palavra que orienta

"Com todo o cuidado guarda teu coração,
pois dele procede a vida" (Pr 4,23).

Deus não olha para a nossa aparência e, sim, para o nosso coração: "Não te impressiones com a sua aparência, nem com a sua grande estatura [...]. Meu olhar não é o dos homens: o homem vê a aparência, o Senhor vê o coração" (1Sm 16,7).

Precisamos examinar e limpar o coração de todo e qualquer tipo de preconceito, olhar para dentro de nós mesmos e verificar o que obstrui os relacionamentos.

Jesus sempre tomou o partido de quem era prejudicado por preconceitos. No episódio da mulher samaritana (cf. Jo 4,1-42), mexeu com três preconceitos: o de falar com uma mulher; da mulher ser uma samaritana e o de classificar as pessoas de acordo com conceitos morais.

Os preconceitos destroem a igualdade e a reciprocidade nas relações humanas, ou seja, contrariam os ensinamentos de Jesus, segundo os quais não devemos julgar para não sermos julgados. Ele nunca fez distinção: curou cegos, surdos, aleijados e leprosos, acolheu pagãos e comeu com os pecadores, porque o que lhe interessava era a pureza de coração.

Mensagem de esperança

Procure sempre refletir se você age com base em fatos e verdades ou em ideias preconcebidas, em generalizações criadas sem razão ou exame crítico.

Busque conhecer as origens de suas opiniões acerca das pessoas e, se notar algum fundo de preconceito, procure eliminar as raízes que o alimentam.

Acolha as pessoas segundo as virtudes do coração de Jesus, que era desprovido de qualquer tipo de preconceito. Enxergar com os olhos de Jesus é ver além das aparências, é ver o que é essencial para Deus e invisível aos olhos humanos.

Deixe-se tocar pelo amor de Deus, e ele transformará o seu jeito de pensar, ajudando-o a vencer todo tipo de preconceito.

Purifique seu coração e lembre-se que somos todos irmãos, fazemos parte de uma mesma família, cujo Pai é Deus.

Oração

Senhor meu Deus, tu conheces meu coração e sabes que trago comigo alguns preconceitos.

Com fé e decidido a mudar, peço que arranques esses sentimentos pela raiz. Perdoa-me, Senhor, e ensina-me a amar e a respeitar tudo e todos. Que eu possa ver, em cada pessoa, um ser humano criado à tua imagem e semelhança.

Jesus, tu que ensinaste a derrubar preconceitos através das tuas atitudes, faça que eu possa ver além das aparências e lute contra todo tipo de preconceito.

Divino Espírito Santo, toca meu coração com tua luz e fortalece-me para que eu rejeite qualquer atitude preconceituosa.

Olha e abençoa, Senhor, com especial atenção, todas as pessoas que sofrem por causa desse sentimento sem razão e inadmissível. Sê para elas a força e o consolo que necessitam para superar as provações e mostrar sua dignidade.

Que a tua bondade esteja sempre comigo e me ajude a ser cada dia melhor. Amém!

"Senhor, ensinas segundo a verdade
o caminho de Deus"
(Lc 20,21b).

Contexto

Preocupar-se significa sofrer por antecipação. Pode ser positivo quando se traduz em cuidado, mas um grave problema quando se torna uma ideia fixa, que perturba o espírito e turva os pensamentos a ponto de comprometer a saúde e a qualidade de vida.

Para ilustrar, partilho a história da qual desconheço a autoria: "Um homem contratou um carpinteiro para realizar uns trabalhos em sua fazenda. O primeiro dia do carpinteiro foi bem difícil: a serra elétrica pifou, ele machucou o dedo e, ao final do dia, o carro não funcionou. O fazendeiro ofereceu-lhe uma carona e, quando chegaram, foi convidado a conhecer a família. Antes de entrar, o carpinteiro parou junto a uma árvore e a abraçou. Então, ao abrir a porta, ele se transformou e, sorrindo, abraçou seus filhos e beijou sua esposa. Ao sair, o fazendeiro perguntou: 'Por que você tocou a árvore antes de entrar em casa?'. O carpinteiro respondeu: 'Ah! Esta é a minha Árvore dos Problemas. Sei que não posso evitar os problemas no trabalho, mas eles não devem entrar em casa e chegar até meus filhos e minha esposa. Então, à noite eu os deixo na árvore e os pego no dia seguinte. O engraçado é que quando vou buscá-los, eles não são nem metade do que eu deixei na noite anterior'".

Palavra que orienta

"Portanto, não vos preocupeis com o dia de amanhã,
pois o dia de amanhã terá sua própria preocupação!
A cada dia basta o seu mal" (Mt 6,34).

Tudo tem um tempo certo para acontecer e a preocupação não ajuda; ao contrário, acaba atrapalhando, pois nos impede de agir com clareza.

Jesus fala que Deus não deixaria que nos faltasse alguma coisa, pois fomos criados à sua imagem e semelhança. Enfatiza que devemos ter confiança no Pai, pois ele conhece as nossas necessidades (cf. Mt 6,25-34).

Com a oração do Pai-Nosso (Mt 6,9-13), Jesus nos ensina a não pensar no ontem nem no amanhã, mas pedir o "pão nosso de cada dia".

Não somos capazes de eliminar todas as preocupações, mas podemos amenizá-las com a oração. "Não vos preocupeis com coisa alguma, mas, em toda ocasião, apresentai a Deus os vossos pedidos, em orações e súplicas, acompanhadas de ação de graças. E a paz de Deus, que supera todo entendimento, guardará os vossos corações e os vossos pensamentos no Cristo Jesus" (Fl 4,6-7).

Permita que Jesus tome conta de suas preocupações: "lançai sobre ele toda a vossa preocupação, pois ele é quem cuida de vós" (1Pd 5,7).

Mensagem de esperança

A preocupação excessiva não produz nenhum fruto para nossa edificação espiritual, não tem poder de alterar o passado nem controlar o futuro, e ainda demonstra falta de fé na Providência Divina.

Se você se preocupa excessivamente, procure a ajuda de seus familiares, das pessoas próximas e de Deus. Lembre-se de que é você quem controla seus sentimentos e, quando pensamentos negativos vierem à sua mente, substitua-os por ideias fundamentadas em Deus.

Jesus lhe diz: "Não se perturbe o vosso coração! Credes em Deus, crede também em mim" (Jo 14,1). Então, ore e entregue seus problemas nas mãos de Deus, que o guardará de todo mal. Cultive a fé e a perseverança nos preceitos bíblicos, confiando na bondade do Pai, que jamais desampara seus filhos.

Confie em Jesus, e alivie seu coração. Tenha uma vida tranquila, vivendo confiante, um dia de cada vez.

Oração

Pai querido, quero neste momento confiar-lhe as minhas preocupações (enumere os motivos que estão lhe ocasionando preocupação exagerada).

Senhor Jesus, tu és o Bom Pastor, e sei que se andar em tua companhia nada me faltará. Todas as minhas necessidades serão por ti supridas. Eu quero repousar em ti e, com segurança, encontrar a paz que tanto busco. Afasta de minha vida toda preocupação exagerada com o passado, que não pode mais ser mudado, e com o futuro, sobre o qual não tenho controle. Ensina-me a viver o presente com confiança e fidelidade a ti.

Os problemas fazem parte da vida, mas creio que muita coisa pode ser mudada pela força do Espírito Santo. Ajuda-me, Senhor, a alcançar o equilíbrio. Abençoa-me e santifica-me. Ilumina-me e transforma-me. Obrigado, Deus Pai, por teu amor. Obrigado, Senhor Jesus, por me conduzires com teus ensinamentos. Obrigado, Divino Espírito Santo, por jamais desistires de mim. Amém!

> "O meu Deus proverá magnificamente,
> segundo a sua riqueza, no Cristo Jesus,
> a todas as vossas necessidades"
> (Fl 4,19).

Contexto

De conformidade com o dicionário, provação quer dizer: submeter à prova; experimentar; demonstrar com provas; fazer conhecer. Na Bíblia, encontramos essa palavra no sentido de testar e examinar. "A provação na realidade é algo impetuoso que vem arrasando tudo, acabando tudo, e você não sabe de onde vem, por que veio, e como veio. A provação é como estar num barco em alto mar em uma tempestade" (Jôse Pereira).

A vida é um aprendizado diário. Desde que nascemos até o dia de nossa morte adquirimos conhecimentos que nos levam ao crescimento intelectual como seres humanos.

O mesmo acontece com nossa vida espiritual. Ao longo da vida passamos por provações, que nos levam a obter maturidade e fortalecer nossa fé. As angústias da alma, a doença, o luto, os problemas financeiros, as desilusões... são tribulações que nos ensinam lições, nos purificam, corrigem nossa trajetória em busca da santidade. Assim nosso encontro com o divino se torna mais profundo e cheio de significado.

Palavra que orienta

"O Senhor será uma fortaleza para o oprimido,
uma fortaleza nos tempos de angústia" (Sl 9[9A],10).

Na Bíblia encontramos inúmeros exemplos de superação: Jó perdeu tudo que tinha, até mesmo a saúde, mas manteve-se firme na fé (Jó 13,15); Abraão confiou plenamente em Deus, sem questionar, ao sair de sua terra sem destino certo (Gn 12,1-20); Daniel, Davi, José, Pedro, Paulo e o próprio Jesus também passaram por provações. Os santos que a Igreja venera superaram as provações a que foram submetidos e prosseguiram no seguimento do Mestre.

Nós também somos convidados a sermos alegres participantes dos sofrimentos de Cristo e, como Paulo, nos comprazer "nas fraquezas, nos insultos, nas dificuldades, nas perseguições e nas angústias por causa de Cristo. Pois, quando sou fraco, então sou forte" (2Cor 12,10).

Alguma vez você já passou por algum tipo de tribulação e se sentiu sem forças e desprovido de sabedoria para resolver o problema? E depois que tudo passou, mesmo que a situação se tenha resolvido de uma forma que você nem imaginava, percebeu que foi muito melhor? Então, sinta-se agradecido, pois foi Deus que agiu em sua vida!

Mensagem de esperança

Diante das provações, busque estreitar seu relacionamento com Deus. Não desista, pois é no silêncio que ele age.

Dobre os joelhos e reze, sem desanimar. As tribulações são convites à superação e à perfeição que nos levarão ao céu.

Deus é fiel e lhe dará forças para transpor os obstáculos e vencer as adversidades. Ele o ampara e sustenta, fazendo de você um vencedor. Resgata-o de todo sofrimento e restaura sua confiança.

Sinta a presença de Deus ao seu lado e confie. Ele irá ajudá-lo a permanecer de pé, como um filho de Deus deve estar sempre. Ore, resista e confie na vitória.

Oração

Pai, estou passando por uma grande tribulação. Não consigo ver uma solução e sinto-me desanimado.

Sei que, humanamente, não tenho muito a fazer, por isso te peço: vem em meu auxílio; preciso da tua ajuda para prosseguir e alcançar a vitória; mostra-me o caminho a seguir; dá-me ânimo e sustenta-me até o fim.

Senhor Jesus, minha cruz está pesada. Ajuda-me a carregá-la com fé e perseverança. Livra-me da angústia. Dá-me o dom de manter-me fiel, mesmo diante da provação, assim como tu o foste.

Sustenta-me, divino Espírito Santo, e que eu veja este momento como uma oportunidade de crescimento espiritual, recordando que sou humano e divino, pois sou filho de Deus e ele corrige seus filhos, para que andem de acordo com sua vontade.

Obrigado, Senhor, por me amar, mesmo sendo eu tão pecador. Obrigado, Senhor, pela tua correção, sei que queres o melhor para mim. Obrigado, Senhor, por estar comigo ao longo da caminhada! Amém!

> "Meu pé vacila, mas tua graça,
> Senhor, me sustenta"
> (Sl 94[93],18).

Contexto

Vários fatores podem levar uma pessoa a experimentar o sentimento de rejeição. Uma gozação dos colegas, a não observância dos padrões estéticos impostos pela sociedade ou uma traição podem fazê-la se sentir inconveniente ou desvalorizada. Pior ainda quando alguém descobre ser fruto de uma gravidez indesejada ou ter sido abandonado pela família ainda criança.

Muitos psicólogos chegam a crer que a dor física machuca tanto quanto a dor da rejeição. Embora a rejeição não seja uma escolha pessoal, ela abala a autoestima e se faz presente ao longo da vida.

É preciso aprender a lidar com ela e superá-la, na medida do possível, ainda que seja necessária a ajuda profissional. Sentimentos de autopiedade, de incapacidade, de desvalorização e amargura devem ser tratados para elevar o moral e evitar problemas mais sérios.

Palavra que orienta

"Como meu Pai me ama, assim também eu vos amo. Permanecei no meu amor" (Jo 15,9).

A rejeição também fez parte da vida de Jesus. Já no Antigo Testamento ela foi profetizada por Isaías: "Era o mais desprezado e abandonado de todos, homem do sofrimento, experimentado na dor, indivíduo de quem a gente desvia o olhar, repelente, dele nem tomamos conhecimento" (Is 53,3). Jesus também foi rejeitado pelo seu povo, conforme nos relata João: "Ele veio para o que era seu, mas os seus não o acolheram" (Jo 1,11). No entanto, Jesus sabia quem era e qual a sua missão no mundo. Isso o tornava imune a qualquer sentimento de rejeição e autopiedade.

A Bíblia diz que Deus nos ama (Jo 15,9). Ele sabe o que se passa conosco e está sempre a nosso lado, ainda que ninguém mais esteja. Por isso, para curar a dor de uma rejeição, o melhor remédio é abrir-se ao amor de Deus, que traz alívio e proteção, é combustível para nossa vida.

Deus nos fortalece e capacita-nos a enfrentar qualquer desafio. Então, se estiver se sentindo rejeitado, deixe-se abraçar e acariciar pelo amor do Pai, e a tudo superará.

Mensagem de esperança

O sentimento de não ser aceito, não ser amado ou não ser merecedor do amor de alguém cria um vazio interior muito grande. Os problemas emocionais decorrentes podem se tornar um fardo pesado demais, se não forem resolvidos.

Se você está se sentido só e sem esperança, se pensa que ninguém o entende, ninguém o ama, tome a decisão de mudar. Evite a autopiedade e a solidão, que podem levar à depressão.

Procure libertar-se de qualquer sentimento de culpa que carregue em seu interior, e tente perceber as causas que levam as pessoas a terem sentimentos de rejeição a seu respeito. Essas causas podem ser reais, mas também podem ser frutos de sua imaginação.

Feito isso, perdoe tanto as pessoas que o rejeitaram quanto a si mesmo. Trabalhe sua autoestima, valorizando-se e acreditando no amor que Deus tem por você.

Tenha Jesus como seu grande e verdadeiro amigo: ele o ama, entende seus sentimentos e sua dor, pois também foi rejeitado (Is 53,3).

Cultive o amor a Deus, a seus familiares, aos que convivem com você. O amor nos torna pessoas livres, abertas a novos relacionamentos. Ame-se e seja feliz!

Oração

Senhor, creio em ti, na tua Palavra e no teu amor. Em nome de Jesus, peço que intervenhas em minha vida, no sentimento de rejeição que trago em mim.

Livra-me de todo pensamento de incapacidade, de baixa autoestima, de não me sentir amado. Cura meu coração ferido, magoado, machucado pela rejeição (relate as situações de rejeição que viveu ou está vivendo).

Perdoa-me, Senhor, pelas vezes que também tive sentimentos de rejeição para com os outros e comigo mesmo. Afasta-me dos caminhos das trevas e da escuridão.

Sei que sou teu filho e sou amado por ti. Enche-me com teu Espírito Santo, envolve-me com teu amor e tua misericórdia. Que eu perceba a tua presença em minha vida, acalmando meu espírito, amenizando meus problemas, renovando e reavivando minha fé.

Nas horas em que eu estiver abatido, fortalece-me e ajuda-me a seguir-te sem vacilar. Enche minha vida com tua luz. Obrigado pelos sinais da tua presença em minha vida. Obrigado por eu estar crescendo e amadurecendo na fé. Amém!

"O Senhor está comigo, nada temo"
(Sl 118[117],6a).

Contexto

Rotina é fazer tudo sempre igual, do mesmo modo. Para algumas pessoas é sinônimo de tédio, chatice; para outras, é garantia de segurança e disciplina.

Quantas vezes, ao levantarmos pela manhã, temos dificuldades em encarar as atividades do novo dia, pensando se vale a pena continuar fazendo as mesmas coisas: o trajeto até o trabalho, onde se encontram as mesmas pessoas e se realiza a mesma tarefa de sempre. Há ocasiões em que a vontade é de largar tudo e sumir.

Na verdade, o que incomoda não é tanto a rotina, mas a monotonia. Quando as atividades são realizadas de modo automático, elas acabam influenciando negativamente nossa vida e até mesmo em nossa saúde. Podem causar estresse e levar à perda do entusiasmo.

Portanto, se a rotina é necessária e até certo ponto inevitável, nós é que temos de mudar, aprendendo a lidar com ela, descobrindo formas diferentes de fazer as pequenas coisas do dia a dia e impedindo que a vida se torne triste ou enfadonha.

Palavra que orienta

"Precisais renovar-vos,
pela transformação espiritual da vossa mente"
(Ef 4,23).

Todos nós desejamos, fundamentalmente, a paz e a felicidade. No entanto, são poucas as pessoas que encontram tempo para a reflexão e para a mudança interior, porque estão sempre muito preocupadas com compromissos e afazeres diários.

Para sair da rotina, renove-se espiritualmente. Peça a ajuda de Jesus e deixe-se alegrar pela Palavra de Deus, que nos lembra do milagre do amor e da vida que se renova diariamente.

Pense no lado positivo dos acontecimentos, detenha-se para observar uma criança brincando, encante-se com as maravilhas que encontra no seu trajeto, com tanta gente diferente com que se depara diariamente.

Mantenha a mente e o coração no Senhor e agradeça por aquilo que é: por seu caráter, pela plenitude do seu corpo, pela família na qual nasceu, pelo trabalho que realiza, pelos carismas tem.

Renove-se e amplie seus horizontes, buscando o melhor para si e para os que o cercam. Não se acomode, mas aperfeiçoe-se naquilo que faz.

Mensagem de esperança

Renove-se a cada dia. Pense, analise e mude o rumo de sua vida, se for necessário. Assim você será capaz de contagiar a muitos.

A nossa reestruturação interior deve se refletir em nossos pensamentos, sentimentos e, principalmente, em nossas atitudes.

Inove nas pequenas coisas, procurando mudar os hábitos corriqueiros. Vá a lugares novos, faça trajetos diferentes, tente formas variadas de lazer e esteja aberto para conhecer outras pessoas.

Viva intensamente a vida. Saia da rotina, criando algo novo todos os dias, por menor e mais simples que seja. Procure ver as mesmas coisas com olhos diferentes!

Surpreenda as pessoas com momentos especiais. Demonstre a elas o quanto são importantes para você.

Cultive a alegria e o bom humor, fazendo tudo com sentimento de amor e perfeição.

Oração

Senhor, neste dia quero pedir a graça da renovação mental e espiritual. Age poderosamente em meu consciente e subconsciente, mudando a minha maneira de pensar, de sentir e ver as coisas.

Dá-me a graça de viver o meu dia a dia com entusiasmo, inovando e buscando sempre aprender.

Liberta-me de todos os pensamentos e sentimentos que impedem a minha felicidade e o meu crescimento pessoal. Não quero ficar preso a acontecimentos do passado, mas sim me encher do teu Espírito que cura, restaura, liberta e faz nova todas as coisas.

Desfaz, com tua unção e poder, toda e qualquer rotina que me tenha entediado e contribuído com meu estresse. Dá-me um coração e um olhar novo, para que eu possa ver as pessoas e os acontecimentos pelo lado positivo.

Senhor, age em mim, em minha vida, mesmo que eu não perceba!

Obrigado pela renovação que agora acontece dentro de mim. Nunca mais serei o mesmo.

Obrigado por minha vida estar sendo transformada. Amém!

"Mas os que esperam no Senhor, renovam suas forças"
(Is 40,31).

Contexto

A solidão é a condição de quem está ou se sente só. É um vazio provocado pela ausência de algo ou alguém.

Estar sozinho não é o mesmo que se sentir só. Cada vez mais pessoas moram sozinhas, levam uma vida bastante independente, mas não se sentem sós. Estão em paz com essa situação e não são solitárias.

Entretanto, o que se percebe é que a solidão se faz presente mesmo quando se está rodeado de pessoas, em festas, reuniões, encontros sociais, porque ela está dentro de nós e nos leva ao isolamento.

Como disse Vinicius de Moraes: "A maior solidão é a do ser que não ama. A maior solidão é a dor do ser que se ausenta, que se defende, que se fecha, que se recusa a participar da vida humana. A maior solidão é a do homem encerrado em si mesmo, no absoluto de si mesmo, o que não dá a quem pede o que ele pode dar de amor, de amizade, de socorro".

A solidão pode ter inúmeras causas, mas seja qual for a sua origem, ela não é suficiente para nos abalar se vivemos a condição de filhos amados de Deus.

Palavra que orienta

"Eis que estou convosco todos os dias,
até o fim dos tempos" (Mt 28,20b).

Deus não criou o homem para viver sozinho. O ser humano é essencialmente um ser social. A solidão, que muitas vezes causa sofrimento, precisa ser vencida através de relacionamentos sinceros e da vivência comunitária.

Embora haja momentos em que necessitamos de algum recolhimento, ninguém vive bem estando isolado do seu meio social. Devemos amar e permitir que os outros nos amem.

Jesus também teve momentos de solidão, mas era uma solidão "saudável" e por vontade própria. Quando precisava orar, ele se retirava, sozinho, para lugares isolados: "Depois de despedir as multidões, Jesus subiu à montanha, a sós, para orar" (Mt 14,23); Porém, na maior parte do tempo, Jesus viveu acompanhado de seus discípulos, e é este exemplo que precisamos seguir: oração e comunhão.

É preciso manter-se aberto para os outros e para a ação do Espírito Santo, cultivar as amizades e praticar a solidariedade.

Não estamos sozinhos em nossa missão: precisamos ter fé e buscar em Deus a força necessária para vencermos a solidão, que causa dor e angústia.

> "Não te deixarei
> nem te abandonarei"
> (Js 1,5).

SOLIDÃO

Mensagem de esperança

Caso se sinta só com frequência, procure refletir sobre seus sentimentos e suas atitudes. Será que não é você mesmo que está se isolando do mundo e das pessoas?

Busque o amadurecimento emocional, a fim de perceber que é saudável viver a alternância entre o convívio pessoal e a solidão.

Caso se sinta solitário e isso lhe cause insatisfação, decida-se por mudar e busque Deus, que habita em seu íntimo. Observe o que se passa ao seu redor e estabeleça relações significativas e gratificantes com as pessoas. Vá ao encontro dos outros e abra seu coração. Seja útil, doe-se em trabalhos voluntários: visite doentes, ajude crianças carentes, dê atenção aos idosos. Gestos solidários para com o próximo nos realizam e preenchem nosso tempo e o vazio interior.

Quando estiver sozinho, aproveite os momentos de tranquilidade para meditar, orar e apresentar a Deus sua gratidão por ser uma pessoa melhor a cada dia.

Não fuja de você mesmo. Encare a solidão sem lamentações. Ame a si mesmo e à humanidade em cada pessoa que cruzar o seu caminho.

Oração

Senhor Jesus, muitas vezes me sinto sozinho e abandonado por amigos e familiares, sem ninguém com quem dividir minhas angústias ou partilhar minhas alegrias.

Tu que foste abandonado pelos teus discípulos e que sozinho subiste ao Calvário, mas nunca temeu a solidão, olha para mim e inunda-me com a força do teu amor. Faz-me sentir a plenitude e o conforto da tua presença a me acompanhar. Transforma minha mente, meus sentimentos e minhas atitudes.

Concede-me a vitória sobre a solidão. Que eu tenha a tua palavra como alimento e base em minha vida. Que eu saiba encontrar o melhor caminho para mudar as circunstâncias que fazem com que me sinta só.

Coloca em meu coração o dom de servir, amar e doar-me ao próximo, assim, sentir-me-ei útil e darei um novo sentido a minha vida. Que eu possa te encontrar no silêncio de cada anoitecer e na beleza de cada amanhecer. Amém.

> "Meu auxílio vem do Senhor,
> que fez o céu e a terra"
> (Sl 121[120],2).

Contexto

Superstições são crendices populares sem nenhuma base científica, nas quais muitas pessoas acreditam porque lhes falta a razão ou o conhecimento para explicar determinados fatos ou acontecimentos.

Conceitos como "sorte" ou "azar" são atribuídos a objetos ou a modos de proceder como se tivessem o poder de atrair ou afastar a felicidade ou um infortúnio.

Algumas crendices estão tão enraizadas na cultura do povo, que as pessoas nem se dão conta. Segundo o folclorista Luís da Câmara Cascudo, "as superstições participam da própria essência intelectual humana e não há momento na história do mundo sem a sua inevitável presença".

A superstição tira da pessoa a confiança em si mesma e em Deus, acima de tudo. Ela se torna prisioneira de falsas obrigações, passa a temer objetos insignificantes ou a se apegar a coisas absurdas.

A Bíblia nos ensina que apenas em Deus devemos buscar ajuda, pois ele nos ama e sabe o que é melhor para nós. O restante são coincidências fortuitas alimentadas pela imaginação de quem busca explicação sobrenatural para as contingências da vida.

Palavra que orienta

"Não haja em teu meio quem [...] consulte adivinhos,
ou observe sonhos ou agouros nem quem use a feitiçaria;
nem quem recorra à magia, consulte oráculos,
interrogue espíritos ou evoque os mortos.
Pois o Senhor abomina quem se entrega
a tais práticas" (Dt 18,10-12a).

A Bíblia traz diversas passagens alertando sobre o risco de submeter-se a práticas supersticiosas. O problema é que, agindo assim, perde-se a confiança em si mesmo e em Deus, cuja Palavra deve ser luz para o nosso caminho.

O Catecismo da Igreja Católica explica: "A superstição é o desvio do sentimento religioso e das práticas que ele impõe. Pode afetar também o culto que prestamos ao verdadeiro Deus, como, por exemplo, quando atribuímos uma importância de alguma maneira mágica a certas práticas, em si mesmas legítimas ou necessárias. Atribuir eficácia exclusivamente à materialidade das orações ou dos sinais sacramentais, sem levar em conta as disposições interiores que exigem, é cair na superstição" (n. 2.111).

Devemos ser livres e ter confiança em nós mesmos e, sobretudo, em Deus, entregando-nos em suas mãos e fiando-nos na sua providência divina. Que nossa conduta não seja governada pela insensatez, mas pela sabedoria e pelo discernimento. Somente Deus satisfaz todos os anseios humanos de paz, alegria e segurança. Ele "é luz e nele não há trevas" (1Jo 1,5a).

Mensagem de esperança

Nada pode substituir o amor e o carinho que Deus tem por você. Por isso, viva com dignidade, trabalhe com honestidade e siga os princípios da moral e da justiça. Desenvolva sua autoconfiança, acredita em suas próprias qualidades e capacidades.

Se os problemas parecem fugir ao seu controle, busque a solução na única pessoa que pode verdadeiramente socorrê-lo: Jesus Cristo! Só ele tem o poder de salvar e libertar! Evite buscar poder ou conhecimento fora de Deus. A falta de fé e confiança no Pai é pecado contra o primeiro mandamento.

Se você tiver fé em Deus, nada nem ninguém poderá prejudicá-lo. Então renuncie às práticas supersticiosas. Afinal, "Deus é para nós refúgio e força, defensor poderoso no perigo" (Sl 46[45],2).

Entregue sua vida a Jesus, e você experimentará a força destas palavras: "Tenho certeza de que nem a morte, nem a vida, nem os anjos, nem os principados, nem o presente, nem o futuro, nem as potências, nem a altura, nem a profundeza, nem outra criatura qualquer será capaz de nos separar do amor de Deus, que está no Cristo Jesus, nosso Senhor" (Rm 8,38-39).

Oração

Senhor Jesus, creio que somente em ti habita a vida em plenitude, quero te pedir perdão por todas as vezes que não confiei em ti, entregando-me a várias formas de superstições (relacione-as).

Abre os meus olhos para que eu veja as coisas como tu. Consagro a ti os meus ouvidos para ouvir a tua Palavra e a minha boca para proclamar as tuas verdades.

Reveste-me de sabedoria, dá-me discernimento para agir segundo minhas capacidades e as virtudes teologais: fé, esperança e caridade. Renuncio a tudo o mais que não venha de ti.

Obrigado, Senhor, por conscientizar-me das minhas fraquezas. Mostra-me os caminhos a seguir. Orienta meu modo de pensar e minhas ações para que eu não me deixe seduzir por superstições ou crendices. Ilumina a minha vida, santifica o meu ser e concede-me a paz e a confiança em ti, todos os dias de minha vida.

Assim seja, agora e para todo o sempre. Amém.

"Mostra-me, Senhor, o teu caminho,
para eu caminhar na tua verdade;
faze que meu coração tema só o teu nome"
(Sl 86[85],11).

Contexto

Todos os dias estamos sujeitos a inúmeras seduções que tentam nos afastar de nossas obrigações ou do caminho correto. O dinheiro, o prazer e o poder são algumas das tentações que podem nos influenciar negativamente e nos levar à prática de atos censuráveis e contrários à moral ou à justiça.

Em termos bíblicos, tentação é o convite para o pecado e resulta da cobiça, das atitudes impensadas, da falta de controle sobre os desejos.

Um ditado popular diz que: "Quanto mais santo, mais tentado". Mas, mesmo que sejamos provados, isso não quer dizer que devemos ceder. Tiago disse: "Submetei-vos pois a Deus, mas resisti ao diabo, e ele fugirá de vós" (Tg 4,7).

A tentação corrompe a mente. Por isso, afaste os pensamentos que não estejam de acordo com a Palavra de Deus, pois nenhum benefício vale a pena o risco de se perder. Ao contrário, ao resistir à tentação seremos recompensados, pois "feliz aquele que suporta a provação; porque, uma vez aprovado, receberá a coroa da vida, que Deus prometeu aos que o amam" (Tg 1,12).

Palavra que orienta

"Vigiai e orai, para não cairdes em tentação"
(Mt 26,41).

Quando Jesus se encontrava no Getsêmani, pediu a seus discípulos que vigiassem, enquanto ele se retirava para orar. Os discípulos, porém, não resistiram ao sono, fraquejaram mesmo depois de Jesus os alertar para que não caíssem em tentação.

Deus nos fez pessoas independentes, com discernimento e livre-arbítrio para agirmos segundo nossas escolhas. Mas também nos deu os mandamentos para termos um caminho por onde seguir. Se nos deixarmos comandar apenas por nossos desejos, nos tornamos prisioneiros deles e não encontraremos forças para agir de outra forma.

Jesus também foi tentado pelo diabo, mas manteve-se fiel a Deus Pai, porque sabia que "não se vive só de pão, não se põe o Senhor à prova e só a ele se deve prestar culto" (cf. Mt 4,1-11). Então, quando se sentir tentado, lembre-se que Jesus venceu a fome, o desejo de poder e a cobiça. Ele é nosso modelo para agirmos sempre corretamente.

Para ficarmos livres de todos os males, basta seguir a estratégia de obediência ao Senhor (cf. 2Cor 10,5).

Mensagem de esperança

Deus sabe que somos limitados e que sozinhos somos incapazes de vencer a tentação do mundo. Por ser bom e poderoso, ele nos capacita a lutarmos com superioridade e em seu nome (cf. Mt 22,44) e não permite que sejamos tentados mais do que possamos resistir.

Em sua Carta aos Romanos, Paulo escreveu: "Não tendes sido provados além do que é humanamente suportável. Deus é fiel e não permitirá que sejais provados acima de vossas forças. Pelo contrário, junto com a provação ele providenciará o bom êxito, para que possais suportá-la" (1Cor 10,13).

Ore e vigie sempre. Evite ter em mente ou levar no coração qualquer pensamento ou sentimento que desonre sua vida de cristão, mesmo que seja por um curto período de tempo. Quando precisar, abra a Bíblia Sagrada, pois "toda Escritura é inspirada por Deus e é útil para ensinar, para argumentar, para corrigir, para educar conforme a justiça" (2Tm 3,16).

Oração

Senhor, sei que me ouves e vens em meu socorro, dando-me a graça de vencer todos os momentos de tentações. Reconheço o que me faz cair e a partir de agora prometo resguardar-me.

Envia, Senhor, teu Espírito para que eu resista às seduções do mundo e eleve meu pensamento para ti sempre que sentir impaciência, comodismo, orgulho ou desejo de ser o que não sou.

Peço a graça da minha conversão diária, guiada pelo Espírito Santo, que habita dentro do meu ser. Que eu possa fazer somente a tua vontade, Deus Pai, mantendo-me firme diante de tantas tentações.

Senhor, tudo posso pela força do teu Espírito!
Em ti, sei que vencerei. Aleluia!

"Senhor, não nos introduza em tentação,
mas livra-nos do Maligno"
(Mt 6,13).

Contexto

Quando olhamos para dentro do nosso "eu", percebemos dificuldades em algumas áreas da nossa vida. Se analisarmos bem, veremos que são resultados de experiências vividas desde o momento de nossa concepção e, quando negativas, podem se transformar em traumas, marcas profundas no nosso emocional das quais precisamos nos libertar.

Os traumas exercem influência sobre os relacionamentos sociais e profissionais, ocasionam inseguranças e fobias. São situações que criam limitações e impedem que se desfrute a vida com normalidade. Tentar esquecer ou reprimir os sentimentos não é a melhor atitude, pois as lembranças sempre voltam, mesmo que apenas em nosso subconsciente, e nos fazem reviver a dor.

O melhor a fazer é tentar identificar a origem do problema, enfrentando-o, com a ajuda de profissionais competentes e muita oração. Assim, buscar desmascarar os medos, trazer os fantasmas para a luz a fim de poder lidar com eles. A cura envolve o reconhecimento do trauma, a aceitação das emoções e o perdão pelo mal causado.

Palavra que orienta

"Todos aqueles que se deixam conduzir pelo
Espírito de Deus são filhos de Deus.
De fato, vós não recebestes espírito de escravos,
para recairdes no medo, mas recebestes o Espírito
que, por adoção, vos torna filhos,
e no qual clamamos: 'Abbá, Pai!'"
(Rm 8,14-15).

Os traumas são uma espécie de prisão espiritual, repleta de fantasmas sempre à espreita para nos assombrar. Mas Deus deseja a nossa liberdade e nos promete vida nova através de seu Espírito.

Quando reconhecemos nossas emoções e iluminamos nosso subconsciente, nós nos reestruturamos e, aos poucos, reencontramos o equilíbrio. Assim é possível lidar com os medos e os bloqueios, desfazendo traumas e permitindo a ação de Deus.

O caminho da cura e libertação passa pela ajuda psicológica e pelo encontro com Deus. Mas a decisão é pessoal. Se nos abrirmos à ação do Espírito Santo, aceitando-o de coração, cumprir-se-á a promessa de Deus: "Eu lhes trago melhora e cura, vou curá-los e vou mostrar-lhes plenitude de durável bem-estar" (Jr 33,6).

Mensagem de esperança

A cura dos traumas não é rápida ou simples. É um processo que demanda tempo e empenho, pois muitas podem ser as recaídas ao longo do caminho. Por isso, é mais fácil perseverar quando recorremos a Deus Pai e pedimos a sua ajuda.

Jesus disse: "Vinde a mim, todos vós que estais cansados e carregados de fardos, e eu vos darei descanso. Tomai sobre vós o meu jugo e sede discípulos meus, porque sou manso e humilde de coração, e encontrareis descanso para vós" (Mt 11,28-29).

Ele também nos ensina a perdoar os nossos inimigos, para recobrar a paz de espírito e seguir confiantes no seu amor. Esse é um santo remédio para tratar as feridas que, aos poucos, serão cicatrizadas.

Então, procure ajuda, enfrente as dores da sua alma e tenha fé em Deus, que nos ampara em todas as situações e nunca nos abandona. Ele nos conhece intimamente e tem o remédio certo para tratar as nossas dores e nos fazer reencontrar o equilíbrio e a harmonia.

Oração

Senhor, Deus misericordioso, coloco-me na tua presença e venho pedir-lhe a cura das marcas do meu passado, que deixaram feridas dolorosas e profundas em minha alma. Derruba todas as barreiras que me impedem de ser livre, de ser feliz.

Senhor, tu me conheces e sabes de todos os traumas que trago em meu interior e, de modo especial, em meu subconsciente, por isso, peço com fé: cura-me, Senhor, e liberta-me de todos os medos, de todas as emoções negativas que atrapalham a minha vida. Cura-me das lembranças dolorosas e das angústias inconscientes (enumere os traumas de que você tem conhecimento).

Dá-me sabedoria para perdoar meus inimigos e recuperar a paz.

Acolhe-me em tua ternura e em teu amor.

Fortalece e regenera o mais profundo de meu ser.

"Senhor, liberta-me; defende-me
pela tua justiça, atende-me e salva-me"
(Sl 71[70],2).

Contexto

A tristeza, assim como a alegria, faz parte da vida e não há por que negá-la ou escondê-la.

Quando sofremos uma decepção, quando morre alguém que amamos, quando erramos ou não alcançamos nossos objetivos, o trabalho não vai bem, ou vivemos um problema de relacionamento, faz bem chorar e deixar a tristeza sair sob a forma de lágrimas. Essa é uma forma saudável de lidar com o sentimento e permite que nos reorganizemos internamente.

Só não convém deixar que ela tome conta de todos os âmbitos da vida e nos leve a fechar-nos em nos mesmos. Sentir pena de si e entregar-se à amargura não ajuda a superar a fase difícil pela qual se está passando, além de poder levar à apatia e deixar o caminho aberto para a depressão.

Palavra que orienta

"Não entregues tua alma à tristeza
e não aflijas a ti mesmo com tuas preocupações.
[...] consola teu coração; afugenta para longe
de ti a tristeza" (Eclo 30,22.24).

Ainda que a tristeza ameace tomar conta de nosso ser, uma coisa é certa: não importa o que tenha acontecido, o quanto estamos machucados, Deus está ao nosso lado. E se procurarmos o seu consolo, ele nos receberá de braços abertos.

Muitas vezes a tristeza nos faz crescer, nos humaniza e leva a uma mudança de vida. É um momento de reavaliar nossas escolhas, buscar exemplos de superação e recomeçar.

Nem sempre é fácil encontrar consolo e evitar a amargura. São Francisco de Assis teve como propósito conservar a alegria até a morte, ensina-nos que, tanto na prosperidade como nos momentos de tribulação, devemos nos empenhar em buscar a felicidade, pois, segundo ele, "a tristeza é uma das filhas prediletas do inimigo".

Se você está passando por um momento difícil, intensifique suas orações colocando a confiança no Senhor e permitindo que ele elimine toda a tristeza, "pois a alegria do Senhor será a vossa força" (Ne 8,10b).

Mensagem de esperança

Mesmo que não queiramos, vez por outra é normal ficarmos tristes. Porém, se você perceber que esse estado teima em perdurar, é bom ficar atento e talvez procurar ajuda.

A tristeza machuca e traz melancolia. Ela testa nossos limites e pode fazer com que nos fechemos em nós mesmos, ou nos tornar pessoas melhores, mais compreensivas e tolerantes. É preciso aceitá-la e permitir que ela se manifeste para nos recompor e redescobrir a fonte da alegria que mora em nosso interior.

Viver é estar sujeito às mais diversas situações e se nem sempre as coisas acontecem como esperávamos, há outros motivos para sermos alegres e agradecidos pela oportunidade de continuar vivos, de podermos reconstruir nossa história.

Guiado pelo Espírito Santo e com a graça de Deus, descubra o valor das coisas simples e extraia das tristezas, grandes lições!

Oração

Senhor, só tu conheces a dor que trago em meu coração. A tristeza me enche de lágrimas os olhos e nem sempre tenho forças para enfrentar as dificuldades que se abateram sobre mim.

Por isso, humildemente eu peço: toma a minha vida em tuas mãos e ajuda-me a superar esse desgosto. Dá-me sabedoria para compreender que tuas bênçãos são maiores do que os problemas.

Entrego-lhe toda a tristeza e mágoa, para que eu seja curado. Restaura com teu poder minhas feridas mais profundas. Afasta de mim toda dúvida de fé para que eu possa sentir-me amparado por ti.

Jesus amado, tu que experimentaste em teu coração a tristeza, dá-me forças para fazer da situação pela qual estou passando um momento de crescimento espiritual e que eu possa entender e aceitar os desígnios do Pai, assim como tu o fizeste.

Enche-me com teu amor, com tua paz e a esperança em dias melhores. Amém!

"Alegres na esperança, fortes na tribulação,
perseverantes na oração"
(Rm 12,12).

Contexto

A violência é o abuso da força, da tirania, da opressão e suas causas normalmente estão associadas a problemas sociais. Pode manifestar-se de muitas formas...

- a violência física, em que uma pessoa faz a outra sofrer mediante a agressão propriamente dita, provocando danos físicos ou materiais;
- a violência psicológica, considerada uma das mais cruéis, humilha, abala a dignidade, a autoestima e até a identidade da pessoa. Rejeição, discriminação, críticas ou insultos constantes deixam marcas profundas no subconsciente;
- a violência sexual, ou seja, a coação à prática de sexo através de força física, intimidação psicológica ou abuso de poder;
- a violência espiritual, quando uma crença é menosprezada ou sua prática é impedida ou, ainda, quando a adesão a ela é forçada.

Existem outras formas de violência, em meio às quais vivemos, como vítimas, agentes ou mero espectadores. Quando começamos a achar natural que as questões sejam resolvidas pela força, alguma coisa está muito errada. Mas Deus, através de sua Palavra, pode nos orientar a esse respeito.

Palavra que orienta

"Não será com a força nem com o poder
e sim com o meu espírito" (Zc 4,6b).

Não se consegue combater a violência mediante o uso de mais violência. E, no entanto, não é possível conviver com ela. O que fazer então? Há uma opção?

Algumas pessoas pensam que sim, que se pode resolver conflitos mediante a prática da não violência, que se baseia em princípios de integridade, respeito, moralidade, cooperação.

Deus é nosso parâmetro de amor e um de seus mandamentos é "não matarás". Isso significa que a vida humana pertence a Deus e, portanto, não se pode atentar contra ela, não se pode machucar alguém de nenhuma forma, nem mesmo com pensamentos, palavras ou ações.

Precisamos conhecer e experimentar profundamente a graça amorosa do Pai para espalhar esse amor a todos os âmbitos de nossa vida, inclusive perdoando de coração quem nos tenha ofendido ou feito algum mal. Mas isso não impede o direito à defesa e a obrigação da denúncia às autoridades competentes e entidades que lutam em favor da paz.

A paz só pode ser obtida quando ela se estende a todos os indivíduos de uma sociedade. E, se precisamos de algum exemplo, tomemos o de Jesus, que nos ensinou: "Felizes os que promovem a paz, porque serão chamados filhos de Deus" (Mt 5,9).

Mensagem de esperança

Existe um ditado popular que diz: "Violência gera violência". E, no entanto, é preciso reagir! Não podemos aceitar o sofrimento humano, de qualquer forma.

Podemos, isso sim, dar o nosso exemplo, capacitando-nos interiormente através da oração, perdoando nossos agressores e encontrando formas pacíficas de solucionar os problemas. Também podemos nos engajar em projetos que influenciem o poder público e a sociedade e atuem junto às pessoas que sofrem ou são afetadas pela violência.

Procure derrotar as injustiças, escolhendo viver o amor e a compreensão, que são geradores da paz. Busque em Deus forças para obter o autocontrole e lutar pela não violência. Este é o caminho para conquistarmos a paz interior e a paz no mundo.

Acredite na força do amor e da solidariedade. Tenha uma fé alegre e seja um apóstolo da não violência.

Oração

Senhor, meu Deus, quero hoje renunciar a todos os gestos, palavras e pensamentos que geram violência para comigo mesmo ou para com meus semelhantes.

Peço teu perdão por todas as vezes que deixei a raiva falar mais alto e usei palavras destrutivas ou tive atitudes de vingança.

Também quero perdoar todas as pessoas que me causaram algum dano. Coloco cada uma delas no coração misericordioso de Jesus, para que percebam o mal que fizeram e possam se arrepender.

Peço, Senhor, pelos líderes religiosos e pelos governantes e autoridades de todas as nações, para que entendam a tua vontade e busquem tua paz, eliminando qualquer tipo de violência.

Olha pelas famílias, em que homens, mulheres, idosos e crianças, de um modo especial, sofrem agressões todos os dias, para que tenham sua dignidade resgatada e, vivendo a paz que vem de ti, possam assemelhar-se à Família de Nazaré.

Enfim, rogo, Senhor, por cada ser humano que há na Terra, para que abra seu coração para abraçar os mesmos sentimentos de Jesus: paz, mansidão, humildade, perdão. Que a paz reine na mente e no coração de todas as pessoas, a começar por mim. Amém!

> "Deus, meu escudo, minha força salvadora!
> Minha defesa e meu refúgio.
> Meu salvador, da violência me salvas"
> (2Sm 22,3).

Sumário

Nota da autora 3

Abandono 7

Abatimento 12

Alcoolismo 17

Angústia 23

Ansiedade 28

Calúnia 33

Cansaço 38

Conflito conjugal 43

Dependência tecnológica 49

Depressão 55

Desânimo 61

Desemprego 66

Dificuldades financeiras 70

Doença 75

Drogas 81

Estresse 86

Falta de alegria 92

Falta de autoaceitação 97

Falta de autoestima 101

Falta de paz 105

Falta de perdão 109

Fofoca 115

Fraqueza humana 119

Incredulidade	124
Injustiça	130
Inveja	134
Luto	138
Medo	142
Negativismo	146
Preconceito	150
Preocupação excessiva	154
Provações	158
Rejeição	162
Rotina	166
Solidão	170
Superstição	175
Tentação	180
Traumas	184
Tristeza	188
Violência	192

Rua Dona Inácia Uchoa, 62
04110-020 – São Paulo – SP (Brasil)
Tel.: (11) 2125-3500
paulinas.com.br – editora@paulinas.com.br
Telemarketing e SAC: 0800-7010081